Carlo Meier

Mega Zoff!

Manfred („Manne“)

Loko

Holger

Ergün

Carlo Meier

Mega Zoff!

Brunnen Verlag · Basel und Gießen

Carlo Meier ist Mitglied des Schweizerischen Schriftstellerinnen- und Schriftsteller-Verbands SSV

Dieses Buch entstand mit freundlicher Unterstützung von:
Stadt und Kanton Zug
Kulturkommission des Kantons Zug
Migros Kulturprozent
Pro Juventute
Schweizerische Schriftstellerinnen- und Schriftsteller-Verband
Evangelisch-reformierte Kirche der Stadt Zürich
Katholische Kirchgemeinde Zug
ACB Schwerpunkt Fonds
Volkart Stiftung, Winterthur

Die deutsche Bibliothek – CIP-Einheitsaufnahme

Meier, Carlo:
Kaminski-Kids / Carlo Meier. Ill.: Lisa Gangwisch. – Basel : Brunnen-Verl.
Bd. 2. Mega Zoff!. – 2000
ISBN 3-7655-1670-8

2. Auflage 2000

Umschlag und Illustrationen: Lisa Gangwisch, Basel
Typographie Umschlag: Michael Basler, Lörrach
Satz: Bertschi & Messmer AG, Basel
Druck: Freiburger Graphische Betriebe
Printed in Germany

ISBN 4-7655-1670-8

«Mega Zoff!»

Wie schon mein Jugendbuch *«Übergabe drei Uhr morgens»* habe ich auch dieses neue Abenteuer der Kaminski-Kids mit tatkräftiger Hilfe meiner eigenen drei Kinder **Sidi** (14), **Anuschka** (13) und **Saskia** (10) geschrieben. Von Anfang an steuerten sie viele Ideen bei und nahmen bis zum Ende Einfluss auf die Geschichte. Ich bin ihnen sehr dankbar dafür! Bedanken möchte ich mich auch bei meiner Frau **Andi**, ohne die dieses Buch nie möglich geworden wäre.
Mein Dank geht ebenfalls an die Fachpersonen, die mich mit ihrer Sachkenntnis darin unterstützten, diesen Kinderkrimi realitätsnah und auf aktuellen Fakten beruhend zu gestalten: **André Widmer** (Stadtpolizei Zug), **Titus Bürgisser**, **Thomas Pfister**, **Thomas Feger** und **Simon Carrel** (Pädagogen).
Nun hoffe ich, dieser abenteuerliche Roman gefällt allen Jungs und Mädchen so gut wie den Kindern, die ihn schreiben geholfen haben! Und natürlich auch den Erwachsenen, die ihn ihren Kindern vorlesen und ihnen und sich selbst auf diese Weise ein spannendes Erlebnis für die ganze Familie schenken.

Der Autor *Carlo Meier*
carlo.meier@econophone.ch

Simon

Debora

Suila

Raffaela („Raffi“)

Inhalt

Die Erpressung

1

«Na toll!»

Raffi blickte ihrem pinkfarbenen Gummiball nach: Er hüpfte vom Schulhof in die Parkanlage nebenan. Seufzend verdrehte sie die Augen und rannte hin. Doch unter den Bäumen lag überall Laub, der Ball war nirgends zu sehen. Raffi begann in den duftenden Blättern zu wühlen. Gedämpft drang der Kinderlärm herüber.

Da entdeckte sie den Ball, hob ihn auf und wollte zum Schulhaus zurück. Doch das ging nicht. Ein großer Junge stand vor ihr.

«Oh-oh», machte Raffi leise. Sie kannte ihn: Er besuchte die sechste Klasse, und alle nannten ihn Loko, weil er so stark wie eine Lokomotive war. Bisher hatte er noch nie mit ihr gesprochen.

Als sie an ihm vorüber wollte, stellte er sich ihr in den Weg. «Moment mal, Kleine!» Lässig schob er seine Schirmmütze hoch. «Wer hier durch will, muss bezahlen.»

Raffi linste zum Schulhof hinüber. Die Kinder spielten, niemand schaute her.

An dem Jungen kam sie unmöglich vorbei. Sie reichte ihm nicht mal bis zur Brust, und neben ihm versperrte hohes Gebüsch den Durchgang. Zaghaft hob sie die Schultern und murmelte: «Ich hab kein Geld dabei.»

Loko kam noch näher. «Macht nichts. Wir können die Sache auch anders regeln.» Er stand jetzt so dicht vor ihr, dass er sie fast berührte.

Raffi sah ängstlich ihren Ball an und klemmte ihn unter dem Arm fest.

Aber Loko lachte nur. «Das Spielzeug kannst du behalten, ich bin ja nicht so. Ist eh bloß Kinderkram.» Herablassend griff er nach ihrem Haar und rieb eine Strähne zwischen den Fingern. «Ich sag dir jetzt, was du machen wirst.» Er senkte seinen Kopf. «Wenn du's nicht tust, dann ...» Seine Augen starrten sie von ganz nah an. «Hast du schon mal gesehen, wie ich jemand verdresche?»

Raffi spürte Lokos warmen Atem im Gesicht. Sie schluckte leer und nickte. Ihre Knie zitterten.

Der Junge blickte sich rasch um, ob jemand herübersah. Dann zog er an ihrer Haarsträhne. «Also. Du gehst zum Gemischtwarenladen und schnappst dir heimlich eine Flasche Whisky. Und die bringst du mir schön am Nachmittag mit. Dann ist die Sache für dich gelaufen. Kapiert?»

Wieder nickte Raffi. Sie konnte gar nicht sprechen. Tränen stiegen ihr in die Augen – vor Angst, und weil's so wehtat, dass Loko an ihrem Haar zerrte.

Doch er spannte die Strähne nun noch stärker an. «Wenn du irgendwem davon erzählst, bist du dran. Ist das klar?»

Ein Laubblatt segelte an Raffi vorbei zu Boden.

«Ja-a ... Ja», stammelte sie eingeschüchtert.

Endlich ließ Loko los.

Er schlug ihr den Ball aus der Hand und schlenderte locker zum Schulhof zurück, als wäre nichts geschehen.

Raffi sah beinahe nichts mehr, weil die Tränen ihre Augen verschleierten. Tausend Gedanken rasten ihr durch den Kopf. Sie konnte doch unmöglich im Tante-Emma-Laden stehlen gehen – das war total verboten, und sie würde dabei bestimmt erwischt werden, das wusste sie ganz genau. Doch was sollte sie denn sonst tun? Sie fürchtete sich so vor Loko, dass ihr beinahe schlecht wurde. Am liebsten wäre sie jetzt einfach zu ihrem großen Bruder Simon hinübergerannt, der dieselbe Klasse wie Loko besuchte. Oder zu ihrer Schwester Debora, die drei Jahre älter war als sie. Aber sie durfte ja nichts verraten. Sonst würde Loko sie in die Mangel nehmen – gar nicht auszudenken, was er mit ihr anstellen würde. Auch ihrer Lehrerin konnte sie nichts erzählen. Die könnte sie vielleicht im Schulhaus beschützen, doch überall sonst wäre sie Loko hilflos ausgeliefert. Er würde sie kriegen, keine Frage.

Die Pausenglocke klingelte. Raffi wischte sich die Tränen am Ärmel ab und lief zum Schulhaus hinüber. Den Ball ließ sie liegen.

Während der Schulstunde schweiften Raffis Gedanken immer wieder ab. Am liebsten hätte sie die Sache mit Loko einfach vergessen. Oder wäre aufgewacht und hätte festgestellt, dass alles nur ein Traum gewesen war. Aber das war es eben nicht.

«Raffaela?»

Die Stimme ihrer Lehrerin ließ sie aufschrecken. «Ja?», fragte sie unsicher.

«Wovon träumst du gerade? Weißt du das Ergebnis?»

Natürlich hatte sie keine Ahnung. Verlegen schüttelte sie den Kopf.

«Besser aufpassen!», mahnte die Lehrerin.

Raffi senkte den Blick und starrte auf das Holzmuster ihrer kerbenübersäten Pultfläche. Glücklicherweise rief die Lehrerin nun einen anderen Schüler auf und musterte sie nicht mehr länger.

Die letzten Minuten des Unterrichts krochen vorbei wie eine Schnecke mit Leim am Bauch.

Als es endlich klingelte, packte Raffi ihre Hefte ein und trottete aus dem Schulhaus.

Vor dem Eingang wartete Debora auf sie, um gemeinsam mit ihr nach Hause zu spazieren. Simon eilte über den Platz zur Turnhalle – er hatte noch eine Sportstunde vor sich.

«Rück den Ball raus!», verlangte Debora, denn sie spielten oft damit auf dem Heimweg.

Der Gummiball! Den hatte Raffi ganz vergessen. «Liegt drüben im Park», seufzte sie.

«Dann hol ihn schnell!»

«Kannst du nicht mitkommen?» Raffi sah ihre Schwester bittend an – sie hatte irgendwie Bammel, allein dort hinzugehen.

Debora ließ eine Kaugummiblase platzen. «Wieso denn? Gibt's da etwa Gespenster?» Sie verzog das Gesicht zu einer Grimasse und stieß ein schauerliches Gebrüll hervor: «Wuuuääh!»

Besorgt schaute Raffi sich um. Loko war weder bei der Grünanlage noch sonst wo zu entdecken. Da fasste sie sich ein Herz und sauste hinüber. Sie fand den pinkrosa Ball unter Laubblättern und steckte ihn sofort ein.

«Was ist denn los? Willst du nicht spielen?», fragte Debora, während sie zum Dorfplatz abbogen.

«M-m», druckste Raffi herum.

Debora spürte genau, dass ihre Schwester nicht wie sonst war. «Hast du irgendwas?»

Aber die Kleine zuckte nur die Schultern.

Um sie aufzumuntern, heulte Debora noch einmal laut auf: «Wuuuaaah!»

Nun musste Raffi schmunzeln. «Ja Pingu!» Das sagte sie immer, wenn etwas sie nervte. «Ja Pingu! Vor so 'nem Gespenst wie dir hätte ja nicht mal ein Baby Angst!»

Wer war's?

2

Loko trat mit Simon und den anderen Kindern aus dem Umkleideraum in den langen Flur zur Turnhalle. Als sie an den Waschbecken vorüberkamen, nahm Loko einen Mund voll Wasser aus dem Hahn und spritzte damit einem Mädchen den Rücken voll.

Erschrocken drehte Sarah sich um. «Sag mal, spinnst du?!»

Loko grinste nur.

Sarah stützte die Arme in die Hüfte und blickte ihn herausfordernd an. «Ist das jetzt die Rache dafür, dass du vorhin in Mathe die viel miesere Zensur hattest als ich?»

«Weißt du, Sarah», erklärte Simon, «Loko ist halt noch im Spucke-Alter. Er braucht dringend ein Lätzchen!»

Das Mädchen lachte laut. Loko starrte Simon mit funkelnden Augen an und versetzte ihm einen Stoß.

«Hey!», rief Simon. «Lass das!»

Als Loko ihn mit dem Ellbogen anrempeln wollte,

wich Simon in die Halle aus, wo der Lehrer schon erste Dehn- und Streckübungen machte.

«Friedlich, meine Herren!», wies er sie zurecht, und Loko gab widerwillig auf.

Drinnen miefte es nach Gummimatten und Käsefüßen. Die Kinder legten wie immer ihre Geldbeutel und persönlichen Sachen unter die Sprossenwand auf den Boden.

Der Lehrer, Herr Wurrmann, schaute auf seine Uhr. «Los geht's, Leute! Aufwärmen ist angesagt! Drei Minuten joggen!»

Die Schüler begannen ihre Runden zu drehen. Schon nach kurzer Zeit überholte Simon den Letzten von hinten. Es war Loko – der wäre zwar einer der Schnellsten, aber statt sich abzustrampeln, trödelte er beinahe im Schritttempo im Kreis herum.

Simon schaffte mit Beni, seinem besten Freund aus der Klasse, am meisten Runden, bis der Schlusspfiff kam. Doch der Lauf hatte ihn ganz schön ins Schwitzen gebracht. Erhitzt trabte er zu den Waschbecken im Flur und hielt das Gesicht unter den Wasserstrahl.

Mit vertropftem T-Shirt und nassem Haar beobachtete er, wie Loko draußen vor dem Haupteingang mit Manfred sprach, einem Jungen aus der Parallelklasse. Verwundert fragte Simon sich, was der dort wohl tat. Er hatte gar nicht bemerkt, dass Loko vom Joggen verschwunden war. Nachdenklich kehrte er in die Halle zurück, als Loko eben wieder in den Flur trat.

Simon kam gerade rechtzeitig zur Mannschaftseinteilung fürs Basketballspiel. Mit ihm war ein Team vollständig, doch dem anderen fehlte ein Junge.

Herr Wurrmann war verwirrt. «Es müsste doch aufgehen. Wer fehlt denn da?»

In diesem Moment erwischte er Loko beim Hereinkommen. «Wo bist du gewesen?»

«Toilette», brummte Loko.

«Du weißt ganz genau, während des Unterrichts darf niemand ohne zu fragen raus! Das gibt eine Strafe. Zehn Runden extra!»

«Kratzt mich das?» Loko schlurfte absichtlich gemächlich vorüber.

Während er zu laufen begann, stellten die Teams sich auf ihre Plätze, damit das Spiel endlich gestartet werden konnte.

Da rief ein Mädchen von der Sprossenwand herüber: «He! Hier stimmt was nicht!» Suchend blickte sie sich um. «Wo ist denn meine Geldbörse geblieben?»

Einige Kinder rannten hin.

«Und wo ist meine?»

Genervt ging der Lehrer zu ihnen. «Was ist denn jetzt schon wieder?»

«Ich hab mein Portemonnaie hier hingelegt – und jetzt ist es weg!»

«Bist du ganz sicher?»

«Hundertpro! Das gibt's doch nicht! Wer hat das Teil geklaut?»

«Wer vermisst etwas?», versuchte Herr Wurrmann Ordnung in das Durcheinander zu bringen. «Sind auch andere Dinge verschwunden?»

Alle Schüler kontrollierten, ob ihre Sachen noch da waren. Insgesamt fehlten drei Geldbeutel.

«Ich weiß, wer's war!», schrie einer der Jungen und zeigte aufgeregt auf Loko, der seelenruhig seine Runden drehte.

«Der da! Der war draußen und konnte die Dinger rausschaffen!»

«Schweinegehirn», sagte Loko gelassen, als er an ihnen vorbeijoggte. Leichthin wies er mit dem Kopf auf Simon. «Der da war auch draußen.»

Überrascht richteten alle ihre Blicke auf Simon.

Der war völlig verdutzt. «Aber ... ich bin doch nur kurz zum Waschbecken!»

«Du bist also auch raus?», fragte Herr Wurrmann.

Peinlich betroffen nickte Simon.

«Der muss auch zehn Runden laufen», bemerkte Loko, während er schon wieder vorüberjoggte.

«Nun halt mal die Luft an!», herrschte Herr Wurrmann ihn an. «Bleib mal stehen. Das Herumgerenne macht mich ganz nervös!»

Loko lief langsam aus. «Aber Sie sagten doch, ich müsste ...»

Der Lehrer fasste ihn ins Auge. «Loko, hast du die Börsen genommen?»

«Seh ich so aus?» Locker schlenkerte Loko seine Hände und tänzelte von einem Fuß auf den anderen.

«Hast du, oder hast du nicht?»

«Sie können mich ja durchsuchen!» Loko hob kampflustig sein T-Shirt und ließ seine trainierten Bauchmuskeln sehen. «Soll ich vielleicht die Turnhose ausziehen? Sie können auch meine Trainingstasche in der Kabine filzen, wenn Sie wollen!» Mit einem Blick zu den Jungs fügte er abschätzig hinzu: «Auf deren Kröten bin ich eh nicht scharf – ich hab viel mehr Taschengeld als alle hier!»

Die Schüler brausten auf und schrien durcheinander.

«Woher willst du denn wissen, wie viel in meinem Portemonnaie war, he?»

«Und woher kommt dein Taschengeld? Wahrscheinlich hat's dein Vater geklaut!»

«Du bist doch ein Angebersack!»

Loko packte einen Jungen am T-Shirt. «Pass auf, du!»

«Halt, halt, halt!» Herr Wurrmann drängte sich dazwischen. Als er die Streithähne erst mal getrennt hatte, wandte er sich an Simon. «Und wie steht's mit dir? Hast du die Börsen genommen?»

Simon hob beteuernd die Arme. «Ganz bestimmt nicht!» Er überlegte, ob er erzählen sollte, dass er Loko mit Manfred vor der Halle gesehen hatte.

«Also, jetzt machen wir Folgendes», entschied der Lehrer und blickte dabei niemand Bestimmtes an. «Derjenige, der die Geldbeutel entwendet hat, wirft sie in den Schulhaus-Briefkasten. So kann er sie zurückbringen, ohne dass es jemand sieht.»

«Aber wer garantiert mir, dass ich meine Börse wiederkriege?», fragte ein Junge aufgebracht. «Ich will mein Geld zurück!»

«Der Dieb *muss* sie zurückgeben», stellte Herr Wurrmann klar. «Sonst hat das Ganze Folgen. Und danach will ich hier nie wieder so eine Geschichte erleben!»

Ein brenzliger Plan

3

«Na endlich!», stöhnte Debora, als die Kaminski-Familie am Mittagstisch versammelt war. Sie hatte mächtigen Hunger, und die Küche duftete verführerisch nach Fritten.

Das Tischlied ertönte diesmal nur mit halber Lautstärke. Opa, Vater und Mutter sangen zwar wie gewohnt mit. Aber Raffi, die sonst am lautesten trällerte, brachte keinen Ton heraus.

Nachdem alle einander guten Appetit gewünscht hatten, stocherte die Kleine bloß in ihrem Teller herum. Und das, obwohl es ihr Leibgericht gab: Gebratenes Hühnchen mit Pommes und Ketchup.

Debora ließ sich aber nicht stören und aß so rasant, als müsste sie den nächsten Bus erwischen. Mutter zerkleinerte für Opa das Fleisch, weil er das nicht selber machen konnte, denn er war fast blind.

«Ich denke, da fallen wieder ein paar schöne Stücke ab», lächelte er. Natürlich dachte er dabei an Zwockel, den jungen Colliehund der Familie.

Simon mampfte mit vollem Mund: «Das glaubt ihr nicht, was heute passiert ist ...»

«Schluck erst mal runter!», verlangte Vater. «So versteht man eh kein Wort.»

Ungeduldig kaute Simon, doch bevor er damit fertig war, redete er schon weiter: «Einigen aus unserer Klasse wurde die Geldbörse geklaut!»

«Tatsache?» Sogar Debora hielt zwischen zwei Bissen inne. «Deine auch?»

«Die hatte ich zum Glück gar nicht dabei.»

«Weiß man, wer's war?», fragte Mutter.

Simon schüttelte den Kopf. «Aber Loko könnte es gewesen sein ...»

Raffi blickte betroffen auf, als Lokos Name fiel. Sie musste aufpassen, dass sie sich nicht verschluckte.

Mutter legte die Gabel hin. «Gibt es Beweise dafür? Ich find's nicht gut, dass der Verdacht immer gleich auf einen Ausländer fällt, wenn so was passiert.»

«Loko war nicht allein!», rief Simon. «Ich hab ihn mit Manfred vor der Turnhalle gesehen – dem könnte er die Geldbeutel gegeben haben!»

«Vielleicht wird die Sache ja bald aufgeklärt», beschwichtigte Opa.

Vater stellte sein Glas ab. «Das wäre auch nötig. In letzter Zeit gibt's öfter Diebstähle in unserer Gegend. Ich hab gehört, in einer anderen Klasse sind ebenfalls Geldbörsen verschwunden.» Er hob die Zeitung, die neben ihm auf der Bank lag, und deutete auf eine Schlagzeile. «Und dann war da dieser Einbruch ins Radio-TV-Geschäft.»

«Ja, ja», seufzte Opa. «Früher gab's keine solchen Sachen hier bei uns auf dem Land.» Er blinzelte, und das

Schmunzeln auf seinem Gesicht zeigte, dass ihm der Spruch alles andere als ernst war.

In diesem Augenblick bellte Zwockel unten auf dem Vorplatz.

Debora öffnete das Fenster und schaute hinaus. Der Hund sah sehnsüchtig winselnd zu ihr herauf.

«Gleich», tröstete sie ihn. «Kriegst ein paar leckere Teile!»

Schwanzwedelnd bellte der Collie erneut, schnappte sich seinen zerknautschten Schaumstoffball und biss darauf herum – er konnte sein Futter kaum erwarten.

Debora setzte sich wieder an den Tisch. In ihrem Teller schichtete sie ein Häufchen mit Fleischfetzen auf, die Zwockel bekommen sollte.

Vater tippte auf die Zeitung. «Bei dem Einbruch waren mehrere Täter beteiligt. So viel weiß man.»

«Wie haben sie das rausgefunden?»

«Fingerabdrücke. Und die Suchhunde sind unterschiedlichen Spuren nachgegangen.»

«Die können so was riechen?», fragte Simon.

Vater nickte. «Die Hunde prägen sich den Geruch eines Menschen ein und erkennen ihn wieder.»

Simon beugte sich zu Debora hinüber. «Das müssen wir nachher gleich mal mit Zwockel probieren!»

Vater lächelte sie an. «Ihr habt ja schon selbst erlebt, dass Hunde bei der Aufklärung eines Verbrechens bestens zu gebrauchen sind!»*

Debora und Simon grinsten sich an.

---

* Siehe: Die Kaminski-Kids in «*Übergabe drei Uhr morgens*».

Raffi machte sich ihre eigenen Gedanken. Die ganze Zeit kämpfte sie innerlich, ob sie die Sache mit Loko trotz allem erzählen sollte. Jedesmal wenn sie sich dazu durchrang, sagte jemand anders etwas, und sie blieb stumm. Doch plötzlich schoss ihr eine Idee durch den Kopf, wie sie das Problem am Nachmittag lösen könnte.

Sie würde den Whisky nicht stehlen. Aber sie würde ihn besorgen!

Ihr wurde gleich ein bisschen wohler, wenn sie daran dachte – obwohl dieser Plan ganz schön brenzlig werden konnte ...

Als alle mit essen fertig waren, stand sie auf und rannte ins Obergeschoss des alten Holzhauses hinauf.

Raffi schob in ihrem Zimmer den Stuhl vom Schreibtisch zum Büchergestell und kletterte hinauf. Sie musste sich beeilen, damit alles erledigt war, bevor ihre Schwester nach oben kam, denn sie teilte sich mit ihr das Zimmer. Im Augenblick war Debora noch mit Simon draußen im Hof, um Zwockel zu füttern.

Die Kleine stellte sich auf die Zehenspitzen, schnappte ihre Spareule vom höchsten Regal und sprang auf den Fußboden zurück. Schnell holte sie den Schlüssel aus ihrem Schubfach. Sie schloss die Eule auf und schüttelte sie über der Schreibtischplatte. Heraus fielen massenhaft Münzen und ein Zehnmarkschein.

Aufgeregt zählte sie das Geld.

Es waren 26 Mark und 35 Pfennig.

Würde das für eine Whiskyflasche reichen? Es musste einfach – sie sah sonst keinen anderen Ausweg.

Erst jetzt wurde ihr bewusst, was sie da eigentlich vorhatte. Ihr ganzes Erspartes für eine Flasche Whisky opfern! Doch dann wäre sie ihre Sorgen wegen Loko los, und dafür hätte sie alles Geld der Welt gegeben. Aber ihre geliebte Puppe, die sie immer im Schaufenster bestaunte, bekäme sie jetzt wohl nie – dabei hatte sie so lange darauf gespart.

Plötzlich hörte sie Schritte die Treppe heraufknarzen. Hastig begann sie, das Kleingeld auf dem Pult zur Seite zu schaffen.

Doch schon traten Debora und Simon ins Zimmer. «Hey, das musst du dir ansehen kommen, Raffi! Weißt du, was Zwockel kann?»

Deboras Blick fiel auf die vielen Münzen und die Spareule. «Gehst du heute die Puppe kaufen? Reicht dein Erspartes jetzt?»

Die Kleine zuckte verlegen die Schultern. «Nicht wirklich.»

«Was tust du denn sonst mit dem Geld?», wollte Simon wissen. «Unternehmt ihr einen Schulausflug?»

«Ich will nie mehr zur Schule», jammerte Raffi. «Ich hab Bauchschmerzen.»

«Wieso das denn?»

Nun fing die Kleine zu weinen an. Sie konnte es einfach nicht mehr länger aushalten. Das Ganze wurde ihr zu viel.

«Hey, was ist mit dir?», fragte Debora betroffen. «Soll ich Mami holen?»

Raffi schaute erschrocken auf. «Nein!»

«Aber wieso denn nicht?»

Schluchzend versuchte die Kleine zu sprechen, doch man verstand immer nur die Worte «Loko» und «Whisky».

«Na komm!» Debora legte liebevoll den Arm um ihre

Schwester, begleitete sie zum Bett und setzte sich neben sie hin. «Ganz ruhig. Wir sind ja bei dir.»

«Erzähl einfach alles der Reihe nach», sagte Simon sachte.

Raffi wischte sich die Tränen aus den Augen. «Aber ihr dürft es niemandem sagen», schniefte sie. «Gar niemandem. Das müsst ihr mir versprechen.»

«In Ordnung.» Simon zog den Stuhl heran und setzte sich hin.

Stockend berichtete Raffi die Geschichte mit Loko und wofür sie ihr Spargeld einsetzen wollte.

Als sie fertig war, murmelte Simon: «Also, eigentlich müssten wir das unbedingt Mami und Papi sagen.»

Raffi starrte ihn an. «Auf keinen Fall!» Ihre Augen waren voller Entsetzen. «Loko hat gesagt, ich bin dran, wenn ich's jemand verrate!»

«Es wäre aber wirklich das Beste», fand auch Debora.

Raffis Lippen begannen wieder zu zittern. «Ihr habt mir versprochen, dass ...»

«Ist ja schon gut», beruhigte Debora sie.

«Lasst uns nachdenken. Uns fällt bestimmt was ein.» Simon drehte den Stuhl herum und legte seine Arme auf die Lehne. «Loko gehört zu einer Bande, das weiß ich. Aber ich weiß nicht, wer da alles dabei ist. Mit Manfred hab ich ihn schon öfter gesehen. Und auch mit ein paar anderen ...»

«Den Whisky braucht er sicher für diese Jungs», vermutete Raffi.

Simon nickte. «Die Sache mit den geklauten Geldbörsen hängt vielleicht auch damit zusammen ...»

«Und der Einbruch ins Radio-TV-Geschäft!», rief

Debora erhitzt. «Das waren ja mehrere Täter! Könnte doch diese Bande gewesen sein!»

«Das wär ja 'n Ding!» Simon schlug mit der flachen Hand auf die Stuhllehne.

«Das wär wirklich 'n Ding!», bestätigte Debora. «Aber wenn die Jungs die Sachen gestohlen haben, müssen sie mit dem Zeug doch irgendwo hin. Sie können es ja schlecht bei sich zu Hause ins Zimmer legen, da würden's ihre Eltern ja merken!»

«Richtig.» Simon betrachtete sie nachdenklich. «Sie brauchen ein Versteck, um die geklauten Sachen unterzubringen.» Er stand auf und tigerte im Kreis herum. «Einen Ort, den niemand kennt – außer ihnen», überlegte er laut. «Wenn wir dieses Versteck finden könnten, hätten wir den Beweis für alles!»

Debora drückte die Kleine an sich. «Dann wärst du deine Sorge los, Raffi! Denn dann würden ja Lokos Vergehen auffliegen, und er könnte niemandem mehr was tun.»

«Wir müssten also das Versteck finden», folgerte Simon.

Raffi schneuzte sich laut in ihr Taschentuch und wischte sich die Nase. «Die Frage ist bloß: Wo sollen wir danach suchen? Das kann ja überall sein.»

«Wir könnten Loko beobachten», schlug Simon vor. «Vielleicht führt der uns auf die Spur zur Bande – oder sogar zum Versteck!»

«Gute Idee», stimmte Debora zu. «Aber wir können ja nicht die ganze Zeit hinter ihm herlaufen, das wäre viel zu auffällig. Wenn wir bloß wüssten, wann ein guter Moment dazu ist ...»

Raffi löste sich aus ihrer Umarmung. Entschlossen

stand sie auf, ging zum Schreibtisch und raffte die Münzen zusammen. «Ich kaufe Loko jetzt den Whisky. Und nachher folgen wir ihm heimlich, um zu sehen, wohin er ihn bringt!»

Simon sprang hoch. «Das ist es! Raffi, du bist Spitze! Ich geb dir auch zehn Mark, damit du nicht dein ganzes Erspartes aufbrauchen musst.»

«Ich auch!», rief Debora.

Die Kleine schüttelte den Kopf und stopfte ihre Handvoll Kleingeld mit dem Zehnmarkschein in die Hosentasche. «Das ist *mein* Problem.»

«Wir bleiben bei der Whisky-Übergabe in deiner Nähe», versicherte Debora aufgeregt. «Falls du Hilfe brauchst!»

Raffi zögerte. «Aber unbedingt so, dass Loko euch nicht sieht ...»

«Ganz bestimmt!»

«Hundertpro?»

«Versprochen! Check!» Simon und Debora hielten Raffi ihre Handflächen hin.

Lächelnd klatschte die Kleine drauf. «Klasse, Mann!»

Weiche Knie

4

«Jetzt musst du dir aber noch schnell ansehen, was Zwockel kann!», rief Debora. Sie hüpfte neben Raffi und Simon die Vortreppe hinab. «Zwockel! Hierher!»

Sofort kam der junge Collie über den Platz gerannt. Im Maul trug er einen zermanschten Tennisball: Die Stoffhülle hatte er bereits mit seinen messerscharfen Zähnen zerfetzt.

«Mal schauen, ob das vorhin kein Zufallstreffer war.» Simon nahm Opas blaue Arbeitsschürze vom Geländer und hielt sie dem Hund vor die Nase.

Zwockel ließ den Ball aufs Kopfsteinpflaster fallen, während er erwartungsvoll an der Schürze schnupperte.

«Und nun such!», befahl Simon. «Lauf!»

Prompt nahm Zwockel die Witterung auf und flitzte die Stufen hoch ins Haus. Die Kinder sausten hinter ihm her. Der Collie fegte durch den Flur, bog beim Badezimmer ab und hielt vor Opas Kammer an. Winselnd kratzte er mit den Pfoten an der Tür.

«Was ist denn schon wieder?», brummte Großvater drinnen.

Als er öffnete, sprang Zwockel bellend an seinen Beinen hoch.

«Ja, ja, bist ein Guter!» Opa bückte sich und kraulte Zwockel hinterm Ohr.

Debora war ganz stolz. «Siehst du, Raffi? Es klappt!»

«Ich wusste immer, dass Zwockel der klügste Hund der Welt ist», bemerkte die Kleine und hielt die Münzen in ihrer Hosentasche fest, damit sie nicht klimperten, denn Großvater hatte ein sehr feines Gehör.

«Macht ihr das Experiment mit dem Hund noch oft?», schmunzelte Opa. «Oder kann ich jetzt endlich in Ruhe mein Mittagsnickerchen halten?»

«Träum schön!», antwortete Debora, als die Kids mit dem Collie das Haus wieder verließen.

Draußen schnappte Simon sich die Hundeleine. «Dich nehmen wir zur Sicherheit mit, Zwockel – man kann nie wissen, wie die Sache mit Loko ausgeht!»

Raffi sah nicht gerade fröhlich aus. Obschon es ihre eigene Idee war, wurde ihr immer mulmiger bei der Sache: Nicht bloß, weil sie keine Ahnung hatte, wie man im Tante-Emma-Laden Whisky kauft – sondern auch wegen Loko, dem sie danach ganz allein die Flasche würde bringen müssen.

Zwockel tänzelte neben ihnen her. Sie gingen am plätschernden Brunnen und an der Holztafel mit der Aufschrift KAMINSKIS BLUMENHOF vorbei. Früher war das hier ein Bauernhof gewesen und Großvater der Landwirt. Doch vor einigen Jahren hatten die Eltern das Gehöft in ein Blumengeschäft umgebaut.

Auf der Wiese summten Wespen um die Früchte

UMENHOF

herum, die unter den herbstlichen Bäumen lagen. Raffi dachte die ganze Zeit daran, was sie in wenigen Minuten tun müsste. Sie seufzte: «Am besten, ihr wartet dann auf dem Dorfplatz auf mich.»

«Wär's nicht klüger, wir kämen mit in den Laden?»

Entschieden schüttelte Raffi den Kopf. «Viel zu auffällig!» Aber ihre Knie wurden immer weicher.

Die Kids trotteten in der milden Mittagswärme die Dorfstraße entlang und kamen zu dem Haus mit der Bulldogge, die manchmal innen am Zaun hochsprang und so laut bellte, dass einem der Atem stockte. Heute hob der Hund allerdings kaum den Schädel – dösend lag «Sitting Bull» in seiner Hütte und sah ihnen schläfrig nach.

Bei der Bäckerei bogen sie zum Dorfplatz ein.

Debora und Simon blieben auf dem Gehsteig stehen und schauten die Kleine an. «Bist du wirklich sicher, dass du alleine hinein willst?»

Raffi nickte. «Bis nachher», sagte sie mit dünner Stimme und trat auf den Platz.

«Also dann ...» Debora hob zaghaft die Hand.

«Mach's gut!», rief Simon.

Die Geschwister setzten sich auf den Randstein. Simon klinkte die Leine am Halsband des Collies ein. Denn drüben neben der Kirche stand das Gasthaus ADLER, wo Zwockels Mutter Elsie lebte.

Nur noch die Metzgerei lag zwischen Raffi und dem Tante-Emma-Laden. Ihre Schritte verlangsamten sich, und vor der Tür der Gemischtwarenhandlung blieb sie vollends stehen. Sie überlegte – sollte sie ihr Vorhaben wirklich ausführen? Aber sie konnte keinen klaren Gedanken fassen. Die Worte drehten sich im Kreis.

Sie blickte kurz zu Debora, Simon und Zwockel zurück. Dann holte sie tief Luft und drückte mit ihrem Rücken die schwere Glastür auf.

Im Laden hing der Duft von Lakritze-Ringen in der Luft. Außer Raffi war kein Kunde da. Der Ventilator summte leise, und die Tiefkühltruhe mit den Eiskrems und den gefrorenen Erbsen gab ein sirrendes Geräusch von sich.

Hinter der Theke grüßte die Geschäftseigentümerin, Frau Fürling, wie immer mit einem munteren «Guten Tag, Raffaela.» Die Besitzerin hieß natürlich nicht Tante Emma, trotzdem nannten alle den Laden so – jedenfalls wenn Frau Fürling nicht in der Nähe war.

«Hallo», murmelte Raffi und verschwand zwischen den hohen, vollgestellten Verkaufsregalen. Hier konnte Frau Fürling sie nicht sehen.

Fieberhaft begann die Kleine beim Wein- und Schnapsangebot nach Whisky zu suchen. Dabei fiel ihr ein Schild auf, das sie noch nie gelesen hatte. Sie brauchte ziemlich lange, um die Aufschrift zu entziffern. Aber sie schaffte es. Und was sie sah, ließ ihr den Schweiß auf der Stirn ausbrechen.

Auf dem Schild stand: KEIN VERKAUF VON ALKOHOL AN JUGENDLICHE UNTER 18 JAHREN.

Panik stieg in Raffi auf, ob Frau Fürling ihr das Getränk überhaupt geben würde.

Sie wischte sich die Stirn trocken und entdeckte mehrere Whiskysorten. Raffi hob eine Flasche mit dem Preisetikett «26.–» heraus, kurvte damit um das Regal und stellte sie vorsichtig neben die Kasse.

Frau Fürling, die gerade dabei war, Marmeladengläser aus einem Pappkarton zu packen, schaute erstaunt auf. «Seit wann trinkt dein Vater denn Whisky?», fragte sie verdutzt.

Raffi hatte einen Kloß im Hals. Sie räusperte sich und sagte leise: «Es ist ein Geschenk.» Dass dieses Geschenk nicht für ihren Vater bestimmt war, verschwieg sie. Schüchtern begann sie, die vielen Münzen aus ihrer Hosentasche auf den Ladentisch zu legen. Fünfer, Zehner, Zwanziger ... Zuletzt schob sie den Zehnmarkschein daneben.

Frau Fürling zögerte. «Also, eigentlich dürfte ich ja nicht ...» Sie musterte die Kleine prüfend. «Hast du deinen Sparstrumpf geplündert?»

Raffi nickte und senkte dann den Blick. Ihr Herz klopfte hart und schnell. Sie hatte Mühe, sich auf ihren weichen Beinen zu halten.

Das Summen des Ventilators und das Sirren der Kühltruhe waren die einzigen Geräusche im Raum. Draußen schlug die Kirchturmuhr zweimal.

«Tja, also ...», meinte Frau Fürling zweifelnd und fing an, das Kleingeld zu zählen. «Möchte bloß wissen, wie du auf eine solche Idee kommst.»

Doch das hörte Raffi gar nicht mehr richtig, dermaßen erleichtert war sie, dass es klappte.

Frau Fürling schob ihr die überzähligen Münzen hin und steckte den Whisky in eine längliche, rot-weiß gestreifte Geschenktüte, die sie eigentlich für Weinflaschen auf Lager hatte. Oben klebte sie sogar noch ein glänzendes Bändchen drauf.

«So, bitte schön.» Sie gab Raffi die Flasche. Dann ging sie hinüber zu der gläsernen Vitrine mit den Lakritze-Ringen, den farbigen runden Kaugummis und den Colafröschen. «Was darf's denn heute sein?» Raffi kriegte fast jedesmal eine kleine Süßigkeit geschenkt, wenn sie hier für Mutter Besorgungen machte.

Zerstreut wählte die Kleine einen Kaugummi und eilte zum Ausgang.

Als sie die Tür öffnete, rief Frau Fürling: «Hey, halt!»

Geschockt blieb Raffi stehen. Das Blut wich aus ihrem Gesicht. Sie wurde ganz bleich.

Frau Fürling kam zur Tür. Kopfschüttelnd sagte sie: «Du hast dein restliches Geld vergessen.»

Sie gab ihr die 35 Pfennig, und Raffi steckte die Münzen während des Weggehens ein.

Stirnrunzelnd blickte Frau Fürling hinter ihr her. «Also irgendwas stimmt da nicht», murmelte sie nachdenklich.

Übergabe im Park

5

Raffi linste vor dem Laden verstohlen zu Debora und Simon hinüber. Die saßen noch immer auf dem Randstein und hielten Zwockel an der Leine. Debora zwinkerte Raffi zu, Simon hob den Daumen.

Die Kleine unterdrückte ein Lächeln, versteckte die feierliche, rot-weiß gestreifte Geschenktüte unter der Jacke und zottelte über den Dorfplatz Richtung Schulhaus. Sie bekam nicht mit, dass Frau Fürling sie durchs Schaufenster beobachtete und sich gewaltig wunderte, weshalb sie mit dem Whisky nicht sofort nach Hause ging.

Simon und Debora folgten ihrer Schwester, als sie um die Ecke bog.

Raffi wälzte ungemütliche Gedanken. Sie wusste, dass der schwierigste Teil ihres Plans nun bevorstand. Was würde geschehen, wenn man sie dabei erwischte, wie sie Loko eine Flasche Alkohol übergab? Und was, wenn Loko ihr etwas antun würde, obwohl sie seine Forderung erfüllte?

Während sie auf den Schulhof trat, raste ihr Puls. Sie konnte sich nicht erinnern, jemals in ihrem Leben so aufgeregt gewesen zu sein.

Schon von weitem erkannte sie Loko auf dem Sportfeld, wo er Fußball spielte. Weil sie nicht wusste, was sie tun sollte, blieb sie verloren am Rand des Feldes stehen.

Vorsichtig schaute sie sich um. Doch Simon, Debora und Zwockel waren nirgends zu entdecken.

Auf dem Rasen dribbelte Loko um ein paar Jungs herum und schoss ins Tor. Jubelnd rannten einige zu ihm und klopften ihm auf die Schulter.

Als er sich stolz umdrehte, bemerkte er Raffi.

Sein Gesicht wurde ernst. Er rief den Jungs in seiner Sprache etwas zu, schnappte sich seine Sporttasche und kam über den Rasen geschlendert, während die anderen weiterspielten.

Doch statt bei Raffi anzuhalten, latschte er gleichgültig an ihr vorbei.

Verwirrt blickte sie hinter ihm her.

Er schlurfte über den Schulhof und verschwand in dem Park, wo er am Morgen zum ersten Mal mit ihr gesprochen hatte.

Die Kleine nahm ihren ganzen Mut zusammen und folgte ihm.

Tatsächlich stand er in dem bunten Laub unter den Bäumen. Seine Augen funkelten sie an, als sie auf ihn zu trat.

«Na, hat man dich beim Klauen nicht erwischt?», ätzte er.

Sie reichte ihm bange das Geschenkpaket.

«Hübsches Papier.» Abschätzig riss er die Tüte auf. «Wär aber nicht nötig gewesen – ich hab dir nicht gesagt, du sollst mir ein Hochzeitsgeschenk mitbringen.» Er nahm die Flasche heraus. «Na, Hauptsache, das hier stimmt», brummte er, drehte den Deckel ab und trank einen kleinen Schluck. «Oho!» Zufrieden wischte er sich mit dem Handrücken über den Mund.

Während er wieder zuschraubte, blickte er sich wachsam um, ob niemand sie beobachtete.

Schnell wandte auch Raffi den Kopf. Aber es war kein Mensch zu sehen.

«Dich kann man gebrauchen», lobte Loko. «Du wirst mir schon bald wieder was besorgen. So eine Flasche reicht bei uns nicht lange.»

Raffis Atem stockte. «Aber du hast doch gesagt ...»

«Ich hab gesagt, dich kann man gebrauchen!», wiederholte Loko scharf. Und dann lächelte sein Mund ein klein wenig, aber unecht. «Fühl dich doch geehrt – so was kann man nicht von jedem behaupten.» Er federte vor ihr in die Hocke, starrte ihr in die Augen und zischte leise: «Wenn du irgendwas von der Sache verrätst ...» Seine Stimme war jetzt nur noch ein Flüstern. «Dann muss ich dir leider wehtun.»

Eine Gänsehaut lief über Raffis Rücken und breitete sich auf ihren Armen aus.

Loko erhob sich geschmeidig, ließ die Flasche mit der Tüte in seine Sporttasche gleiten und eilte ohne ein weiteres Wort davon.

Raffi stierte ihm nach. Es fehlte nicht viel, und sie hätte am ganzen Körper zu zittern begonnen. Ohne auf ihr Kleid zu achten, setzte sie sich ins Laub. Alle Kraft war vollkommen aus ihren Beinen gewichen. Irgendwie konnte sie gar nicht fassen, was passiert war.

Hinter ihr knackte es im Gebüsch. Erschrocken fuhr sie herum.

Die Zweige teilten sich. Zwei Hände kamen zum Vorschein und drückten die Sträucher zur Seite.

Ein Mädchen zwängte sich aus dem Gestrüpp.

Es war Debora. Sie sah sich um und machte leise: «Kuckuck!»

«Bist du verrückt geworden?!», stöhnte Raffi.

Debora legte den Finger an den Mund. «Loko konnte uns unmöglich sehen. Aber wir haben alles gehört!»

Neben ihr kamen Zwockel und Simon aus dem Busch. «Worauf wartet ihr noch? Los! Nichts wie ihm nach!»

Hinter dem Schulhaus eilte Loko mit federnden Schritten den Ackerweg zwischen Maisfeldern und Obstwiesen entlang. Die Kaminski-Kids folgten ihm im Schutz der mannshohen Maisstauden.

«Er darf uns auf keinen Fall entdecken!», flüsterte Raffi. Sie war immer noch ganz bleich. «Ihr wisst, was mir sonst blüht!»

«Der kann uns gar nicht sehen.» Simon hielt Zwockel an kurzer Leine und linste hinter dem Grünzeug hervor. «Wo der wohl hin will?»

«Werden wir ja bald wissen», murmelte Debora und ließ eine Kaugummiblase platzen.

«Der Weg hier ist eine Abkürzung zur Arbeitersiedlung bei der Schuhfabrik.»

In den Baumkronen auf der gegenüberliegenden Wiese zwitscherten die Vögel und pickten munter an den roten Äpfeln herum.

Um den Jungen nicht aus den Augen zu verlieren, huschten die Kids vorsichtig weiter. Raffi hastete halb rennend nebenher, weil Loko ein so hohes Tempo vorlegte. Dabei kam sie richtig ins Schwitzen, denn es war immer noch warm für die Jahreszeit.

Das Feld duftete nach frisch gemähtem Gras, und am Himmel zogen weiße Wolken dahin.

«Ich kann nicht mehr weit», klagte die Kleine. «Meine Füße tun weh.»

Simon und Debora verdrehten die Augen. «Das musste ja kommen! Stell dir einfach vor, da vorne wär ein Eiskremstand und du bekommst die Eiswaffel mit der Schokohaube, die du so gerne schleckst!»

«Achtung!» Raffi sprang ins Maisfeld.

Erschrocken kauerten sich Debora und Simon hin. «Was ist denn?»

«Ich hatte das Gefühl, Loko wolle sich gleich umdrehen!» Die Kleine guckte zwischen zwei Stauden durch. «Puh ...» Aufatmend wischte sie sich Schweiß von der Stirn. «Sieht so aus, als wär's noch mal gut gegangen.»

«Na toll!», maulte Debora. «Schock mich nicht so!»

Nun wagten sie sich wieder vor und spähten hinter Loko her.

Er schritt den Weg entlang bis zur Straße, wo er wartete, weil ein paar Autos vorüberfuhren. Als er die Fahrbahn überquerte, blieben die Kids am Rand des Feldes in den Maispflanzen versteckt.

Auf der anderen Seite der Straße erstreckte sich die Arbeiterkolonie: graue Mietskasernen mit flachen Dächern und unübersehbaren rostroten Spuren in den Fassaden. Dahinter erhob sich die alte Fabrik. Aus ihrem Schornstein stieg dichter schwarzer Rauch in den Herbsthimmel.

Loko verschwand in einem der vierstöckigen Mietshäuser.

«Ich glaub, der wohnt da», sagte Simon.

Debora sah ihn an. «Und wenn er jetzt einfach nur nach Hause gegangen ist?»

«Das wäre Pech.»

Raffi setzte sich auf die Erde und streichelte Zwockel übers braunweiße Fell. Von einem entfernten Feld her war das Dröhnen eines Mähdreschers zu hören. Der Collie hechelte leise, und die Kleine summte eine Melodie, die sie der Einfachheit halber gleich selber erfand.

«Oh-oh!» Bestürzt schaute Debora auf ihre Armbanduhr. «Schon so spät?! Ich bin doch mit Suila zum Reiten verabredet! Muss gleich los!»

«Aber dann verpassen wir hier vielleicht was Wichtiges!», rief Raffi.

«Keine Sorge», beruhigte Simon. «Wir bleiben da.» Er wandte sich an Debora. «Und am Abend erzählen wir dir alles, was wir rausgefunden haben.»

«Gebongt!» Debora quetschte sich aus dem Maisfeld hinaus. «Aber seid vorsichtig!»

«Ja Pingu!», lächelte Raffi verschmitzt. «Da drauf wären wir nie von selbst gekommen!»

Eine heiße Spur

6

Debora holte zu Hause ihr Fahrrad und strampelte auf dem schnellsten Weg zum benachbarten Bauernhof. Dort stellte sie das Rad neben Heinemanns Pferdestall ab.

Ihre Freundin Suila erwartete sie bereits. «Spät dran!», rief sie.

«Musste noch was erledigen», antwortete Debora. Was das war, sagte sie nicht. Denn Suila war Lokos Schwester.

Die Freundin hielt ihr ein Blatt Papier hin. «Ich hab dir was mitgebracht.»

Es war eine Zeichnung mit zwei reitenden Mädchen, und am Himmel hingen neben dem feuerroten Ball der Sonne zwei Herzen, die mit Deboras und Suilas Namen beschriftet waren.

«Das ist super!», strahlte Debora. «Danke, Suila! Vielen Dank.»

Die beiden trafen sich oft hier zum Reiten. Sie hatten eine tolle Freundschaft – obwohl Suila die deutsche

Sprache nicht so gut beherrschte und sie auch von ihren Familien her sehr unterschiedlich waren, verband sie doch die gemeinsame Liebe zu Pferden.

Die Mädchen öffneten die Stallboxen. Sie mochten den Geruch von Heu, Stroh und Pferdeäpfeln, der hier die Luft erfüllte.

«Hallo, Fanny!» Debora tätschelte dem schwarzen Friesen mit der geringelten Lockenpracht den Hals. Die Stute schnaubte freudig zur Begrüßung.

Dasselbe Geräusch war von der Box nebenan zu hören, wo Suila dem Lipizzaner-Schimmel Lucy die Nüstern streichelte.

Debora führte ihr Pferd auf den gepflasterten Vorhof, band es mit dem Strick fest und ging zum Geräteraum im Stall hinüber. Sie fragte sich, was wohl bei Simon und Raffi im Augenblick lief – ob sie bei Loko etwas Entscheidendes beobachten konnten?

Aus einer Kiste nahmen die Mädchen Striegel, Schwamm, Hufkratzer und Kamm mit hinüber zu den Stuten und begannen sie zu bürsten.

«Ich kann heute nicht sehr lange ausreiten», sagte Suila. «Meine Eltern müssen wegen Loko zu einem Gespräch zur Schule, und ich muss mit, um zu übersetzen. Weil meine Eltern fast kein Deutsch sprechen.»

Debora war sofort hellhörig. «Worum geht es denn bei dem Gespräch?»

«Mein Bruder hat sich mit einem Jungen geschlagen. Und nun ist er in Schwierigkeiten, weil der Vater des Jungen sich beim Lehrer beschwert hat.»

«Ach so. Loko prügelt sich ziemlich oft, was?»

«Ziemlich, ja ... Aber daheim ist er ganz anders. Er schenkt mir tolle Sachen. Neulich hab ich einen super

Gameboy von ihm bekommen! Blöd ist nur, dass Loko so oft fort ist. Meist bin ich allein zu Hause.»

«Deine Eltern sind auch nicht da?»

«Selten. Sie arbeiten den ganzen Tag. Und danach macht meine Mutter den Haushalt, und Vater ist mit Freunden unterwegs. Oft muss ich Mutter am Abend helfen und sie hat keine Zeit für mich, sie kocht das Mittagessen für den nächsten Tag und so.»

Als sie mit Striegeln und Putzen fertig waren, tupften sie den Pferden mit dem befeuchteten Schwamm die Augen ab und wuschen ihnen die Nüstern.

Zuletzt fuhr Debora mit dem Kamm durch Fannys gelockte Mähne. «So», flüsterte sie ihr ins Ohr. «Gleich sind wir so weit und können ausreiten!» Sie hielt der Stute auf der flachen Hand ein Stück Karotte hin, das Fanny gleich wegputzte.

Suila blickte Debora ernst an. «Weißt du, was ich seltsam finde?»

«Was denn?»

«Dass Loko so häufig schmutzige Kleider hat. Als würde er sich dauernd im Wald rumtreiben.»

«Ach ja?» Debora blieb wie vom Blitz getroffen stehen. Das könnte eine Spur sein – vielleicht traf Loko sich im Wald mit seinen Freunden von der Bande!

«Und manchmal», erklärte Suila weiter, «riecht er so komisch aus dem Mund, wie nach Alkohol. Dabei trinkt er doch so was gar nicht.»

Vorsichtig wandte Debora ein: «Vielleicht tut er's eben doch.»

«Unmöglich. Du weißt ja, dass das in unserem Glauben streng verboten ist.»

Debora nickte. Sie behielt für sich, was sie über Loko

wusste, weil sie Raffi versprochen hatte, keinem etwas zu verraten.

Sie holten im Geräteraum das Zaumzeug und die Sättel.

Fanny und Lucy schnaubten erwartungsvoll, als die Mädchen ihnen die Halfter anlegten und die Sättel festzurrten.

«Reiten wir heute wieder zu mir raus?» Suila stieg in den Bügel und saß auf. «Dazu würde die Zeit grade reichen.» Sie mochte es, wenn die Kinder aus der Arbeitersiedlung sie vorüberreiten sahen.

«Klaro!» Debora drückte der Stute ihre Fersen in die Seiten. «Hü, Fanny! Hü!»

Als sie das Maisfeld erreichten, linste Debora unauffällig durch die Stauden. Doch sie konnte niemanden entdecken. Raffi, Simon und Zwockel waren nicht mehr da.

Nach dem Abendessen brachten Debora und Raffi die Küche in Ordnung. Im Spülplan, der mit Magneten an der Kühlschranktür befestigt war, stand für jeden Tag der Woche aufgelistet, wer abwaschen oder abtrocknen musste. Obwohl Simon heute nicht an der Reihe war, half er trotzdem mit: Er wollte sich diese Gelegenheit zu einer geheimen Besprechung mit den Mädchen auf keinen Fall entgehen lassen.

«Nun erzählt schon!» Debora war vor Neugier ganz

zappelig. «Was habt ihr beim Beobachten von Loko herausgefunden?»

«Zuerst ist lange überhaupt nichts passiert», begann Raffi. «Aber dann kam plötzlich ein dünner Junge und verschwand in Lokos Haus.»

«Und – habt ihr ihn erkannt?»

Simon nickte. «Es war Manfred. Der Junge, mit dem ich Loko vor der Turnhalle gesehen hab.» Er sprach absichtlich leise, weil Großvater nebenan im Wohnzimmer saß. Opa hörte zwar die Rundfunknachrichten, aber Simon wollte auf Nummer Sicher gehen.

Debora legte eine gespülte Tasse auf die Abtropffläche, wo Raffi sie gleich übernahm.

«Hast du noch viel drin zum Abtrocknen?», fragte die Kleine muffelig.

Mit den Fingern tastete Debora in der Seifenlauge. «Nö. Und dann? Was ist dann passiert?»

Simon und Raffi wechselten einen bedeutungsvollen Blick. «Dann ist was ganz Krasses passiert.»

«Was denn? Nun macht's mal nicht so spannend!»

«Also: Manfred kam nach einer Weile wieder raus. Und weißt du, was er bei sich hatte?»

Debora hielt im Spülen inne und sah die beiden erwartungsvoll an.

«Den Whisky!», platzte Raffi hervor.

«Manfred trug die rot-weiß gestreifte Geschenktüte unter dem Arm», ergänzte Simon. «Wir sind ihm gefolgt.»

«Und wohin ist er gegangen?»

«Zu sich nach Hause – er wohnt auch in der Arbeitersiedlung, aber auf der anderen Seite. Bevor er ins Haus ging, hat er die Flasche unter seiner Jacke versteckt.»

«Das ist ja ’n Ding!», staunte Debora. «Nun wissen wir also hundertpro, dass der zur Bande gehört!»

«Genau!» Simon warf ein paar abgetrocknete Messer ins Besteckfach.

«Ich bin übrigens auch auf eine Spur gestoßen», eröffnete Debora bescheiden, doch der Stolz stand ihr ins Gesicht geschrieben. «Suila hat mir erzählt, Loko habe dauernd schmutzige Kleider, so als würde er sich oft im Wald rumtreiben!»

«Das könnte bedeuten», dachte Simon laut nach, «dass ...»

Raffi unterbrach ihn mit leuchtenden Augen. «Die Bande! Sie treffen sich im Wald! Vielleicht ist sogar ihr Versteck dort!»

Simon klopfte Debora auf den Rücken. «Hey, das ist vielleicht eine mega wichtige Spur!»

«Na ja», murmelte sie errötend.

«Nein, echt!», rief Raffi. «Du bist super!»

«Das Problem ist nur», warf Debora ein, «der Wald ist riesig. Wie sollen wir da so was wie ein Versteck finden?»

Simon zuckte die Schultern. «Jedenfalls wissen wir jetzt, in welcher Gegend wir suchen müssen.»

Raffi stellte die Teller in den Geschirrschrank und schaute ihre Geschwister von der Seite an. «Da ist noch ein anderes Problem. Loko hat mir ja gedroht, dass er schon bald wieder was von mir verlangt – was soll ich dann bloß tun?»

«Dem bringst du bestimmt nichts mehr», entschied Simon. «Das ist mal klar.»

«Ich hab sowieso kein Erspartes mehr übrig ...»

«Selbst wenn du noch welches hättest! Das ginge immer so weiter, der wäre nie zufrieden.»

«Ja, aber was mache ich, wenn er deswegen wütend wird?» Sie blickte besorgt. «Der ist doch viel größer und stärker als ich! Ich hätte keine Chance gegen einen so großen Jungen!»

«Vielleicht kommt's ja gar nicht mehr dazu», entgegnete Simon. «Falls wir die Bande vorher überführen können.»

«Ja – falls!»

Debora zog den Stöpsel heraus und ließ das Spülwasser ab. «Nun macht mal 'n bisschen, Leute! Dann können wir rüber zu Opa.»

«Stress mich nicht!» Die Kleine trocknete die letzten Löffel ab, während Simon den Tisch sauber wischte.

«Du brauchst dir keine Sorgen zu machen, Raffi», beruhigte er sie. «Uns ist bis jetzt noch immer was eingefallen.»

Großvaters Tipp

7

Großvater saß gemütlich in seinem Lieblingssessel. Das Wohnzimmer war bloß durch den schwachen Schein der altmodischen Stehlampe beleuchtet. Opa brauchte ohnehin kein Licht – er war zwar nicht ganz blind, aber seine Augen nahmen nur Schatten von Dingen in seiner Nähe wahr, und was sich weiter weg befand, konnte er überhaupt nicht sehen.

Im Radio lief die Abendsendung. Trotzdem vernahm Opa wegen seines feinen Gehörs Gesprächsfetzen aus der Küche. «Loko hat mir gedroht», hörte er Raffi sagen. Und: «Der ist doch viel größer und stärker als ich! Ich hätte keine Chance gegen einen so großen Jungen!»

Nach den Nachrichten brachte der Rundfunk leichte Musik. Es dauerte nicht lange, bis die Kinder hereinkamen.

«Darf ich ausmachen?», fragte Debora.

Als Opa nickte, schaltete sie das Radio ab und setzte sich zwischen Raffi und Simon im Schneidersitz auf den gemusterten Teppich vor Großvater hin.

«Also los», sagte sie und schaute ihn ungeduldig an. Opa erzählte ihnen fast jeden Abend eine Geschichte. Weil Vater und Mutter für gewöhnlich noch drüben im Blumengeschäft arbeiten mussten, verbrachten die Kinder diese Zeit meist zusammen mit ihm hier in der behaglichen Stube.

«Hmmm ...», machte er und dachte nach. Ein versonnener Ausdruck lag auf seinem alten, von Falten durchfurchten Gesicht.

Das Ticken der Pendeluhr an der Holzwand erfüllte die Stille. Tick. Tack. Tick. Tack.

«In Ordnung», brummte er schließlich. «Ich weiß eine Geschichte.» Er schob das Kissen in seinem Rücken zurecht und lehnte sich bequem zurück. «Es war einmal ein Junge, der war ganz allein zu Hause. Er hatte Brüder, aber die waren weit weg. Sie mussten im Krieg kämpfen.»

Die Kids betrachteten Opa gespannt, während er erzählte.

«Eines Tages machte sich der Vater des Jungen große Sorgen und schickte ihn los, um nach seinen Brüdern zu sehen. Als David – so hieß der Junge – im Kriegslager ankam, merkte er gleich, dass da was nicht stimmte. ‹Sieh mal da drüben, David!›, sagten seine Brüder und deuteten bleich vor Angst übers Tal, wo die feindliche Armee ihr Lager aufgeschlagen hatte. Dort stand ein Mann, so groß wie ein Baum. Und der schrie mit dröhnender Stimme herüber: ‹Ihr Schwächlinge!› – na ja, jedenfalls so was Ähnliches – ‹wer von euch wagt es, gegen mich zu kämpfen? Er soll herkommen!› Tja, und dieser große Mann hieß Goliat.»

«Hey, Opa», unterbrach Debora. «Die Geschichte kennen wir!»

«Das glaub ich gern.» Er schmunzelte. «Ist ja auch eine ungeheuer alte Geschichte. Aber sie hat trotzdem viel damit zu tun, was euch gerade heute Abend besonders beschäftigt!»

«Ach ja? Was denn?», fragte Simon.

«Na, wisst ihr, ich hab da vorhin ganz zufällig ein paar Brocken aufgeschnappt. Über einen gewissen Loko und so ...»

Raffi erschrak. «Davon darfst du aber niemand was verraten! Das wäre sonst gemein – wenn du uns belauschst!»

«Ich hab euch nicht belauscht.» Er legte den Finger an die Lippen. «Aber ... Schweigen ist natürlich Ehrensache, Raffi.»

Die Kleine atmete auf. Sie wusste, man konnte sich auf Großvater verlassen, das hatte sie schon mehrmals erlebt.

Opa räusperte sich. «Der junge David holte im Bachbett ein paar Kiesel, fünf oder sechs, glaub ich, und ging auf den Riesen zu – nur mit einer Steinschleuder bewaffnet. Als Goliat ihn sah, brach er in schallendes Gelächter aus. ‹Was willst du kleiner Knilch denn hier? Bin ich vielleicht ein Hund?› David antwortete: ‹Du bist stark und hast gefährliche Waffen. Aber ich kenne Gott, und der wird mir helfen!› Darauf brüllte Goliat etwas in der Art wie: ‹Ich werd dich gleich den Geiern zum Fraß vorwerfen!›, und hob seinen schweren Speer. Doch David zielte schnell mit seiner Schleuder und schoss. Der Stein traf Goliat mitten in die Stirn. Und wie's weiter ging, das wisst ihr wahrscheinlich ...»

«Ja», sagte Simon. «Der Riese stürzte zu Boden und war auf der Stelle erledigt!»

«Genau.» Opa schwieg eine Weile. Dann beugte er sich vor. «Raffaela?»

«Hm?»

«Siehst du, dieser kleine David konnte sogar gegen einen ganz großen Burschen gewinnen! Gott gab ihm Mut und half ihm. Und darum darfst auch du darauf vertrauen, dass Jesus dir hilft. Wichtig ist einfach, dass du dich zu wehren getraust und im Leben nicht alles mit dir machen lässt, verstehst du?»

Raffi nickte.

«In der Geschichte war David ganz allein», sagte Großvater mit seiner tiefen Stimme. «Aber manchmal gibt es Zeiten, in denen ist es gut, dass man Freunde hat, die einem helfen.» Er zwinkerte. «Das können natürlich auch Geschwister sein!»

Simon und Debora warfen sich einen schelmischen Blick zu.

«Oder andere Menschen», schloss Opa. «Zum Beispiel eine Lehrerin, die Eltern, ein Jugendarbeiter oder die Telefonhilfe für Kinder ... Aber sich jemandem anzuvertrauen ist auf jeden Fall das Richtige. Alles klar in Sansibar?»

«In Sansibar?» Die Kinder mussten lachen. «Was ist denn das?»

«Jedenfalls nichts zum Essen», ulkte Großvater. «Eher schon ein Land oder eine Insel.»

«Und wo liegt die?»

«Irgendwo am anderen Ende der Welt ...»

«Gibt's da auch Pferde?», wollte Debora wissen.

«Keine Ahnung. Wenn du groß bist, fährst du hin und siehst nach. Alles klar in Sansibar?»

Nach dem Zähneputzen trafen sich die Kaminski-Kids in Simons Zimmer, weil Raffi unbedingt etwas besprechen wollte. Die beiden Mädchen hatten bereits ihre Pyjamas angezogen. Sie legten sich aufs Bett, während Simon seine Kleider vom Stuhl wischte und sich hinsetzte.

Raffi flüsterte: «Mir ist vorhin nach Opas Geschichte was eingefallen! Eine Möglichkeit, wie wir das Versteck der Bande finden könnten!»

Debora und Simon blickten sie neugierig an.

«Zwockel kann doch dem Geruch von Menschen folgen», erklärte die Kleine. «Vielleicht würde er uns im Wald auf die Spur der Jungs führen!»

Simon nickte begeistert. «Super Idee! Morgen werden wir das gleich versuchen!»

Ein Schauer der Aufregung lief durch Raffis Körper. «Au ja! Klasse, Mann!»

Debora setzte sich auf. «Aber Zwockel braucht doch einen Gegenstand der betreffenden Person, um den Geruch aufnehmen zu können.»

«Stimmt», murmelte Raffi.

Simon erhob sich und trat zum Fenster. Nachdenklich schaute er auf den dunklen Hinterhof mit den Treibhäusern und der unteren Zufahrt hinaus. «Wir müssten irgendwas von Loko oder Manfred haben, damit Zwockel dran schnuppern kann.»

«Aber was bloß?»

Er schüttelte den Kopf. «Schlafen wir erst mal drüber. Vielleicht klappt's ja auch ohne einen Gegenstand.»

Deboras Augen leuchteten keck. «Ein Fall für Zwockel! Wenn der uns zu dem Versteck führt, kriegt er einen ganzen Turm Hundekuchen!»

Die drei sahen sich übermütig an. «Also: Morgen nach der Schule geht's los! Check!»

Sie klatschten sich auf die Handflächen.

«Kinder!», rief Mutter in diesem Moment draußen. «Zeit zum Schlafengehen!» Die Treppenstufen knarrten laut.

«Ab ins Bett!», sagte Vater, als die Eltern in Simons Zimmer kamen. «Es ist schon spät!»

Die Mädchen huschten hinüber in ihr Zimmer und schlüpften rasch unter die Decken.

Als Mutter und Vater ihnen den Gutenachtkuss gegeben hatten und wieder ins Erdgeschoss hinabgingen, lagen die Mädchen noch eine Weile wach.

Debora überlegte, womit sie Zwockel dazu bringen könnte, die richtige Witterung aufzunehmen.

Und Raffi grübelte darüber nach, was wohl geschehen würde, wenn sie das Versteck tatsächlich fänden. Sie hoffte, die Bande würde dann gestellt und Loko ließe sie danach für immer in Ruhe. «Bitte, lieber Jesus», betete sie still für sich, «hilf uns, dass die Sache volle Pulle hinhaut! Mach, dass wir im Wald das Versteck finden und dass alles gut ausgeht!» Sie drehte sich zur Seite und hörte noch mal die schläfrige Stimme ihrer Schwester: «Also, morgen nach der Schule geht's los!»

Raffi gähnte lange und geräuschvoll.

Dann schliefen die Kinder endlich ein.

Kampf gegen Loko

8

Simon warf das Einwickelpapier seines Pausenbrots in den Mülleimer auf dem Schulhof. Als er sich umdrehte, sah er Loko auf sich zu kommen.

«Da bist du ja», sagte Loko. «Wäre gut für dich, wenn du's endlich zugeben würdest.»

Simon runzelte die Stirn. «Was denn?»

In der Nähe standen Manfred und zwei weitere Jungs aus der anderen sechsten Klasse.

Loko warf ihnen einen Blick zu und baute sich vor Simon auf: «Dass du die Geldbeutel geklaut hast in der Turnhalle, ist doch logo.»

«Lass mich durch.» Simon wollte zur Seite gehen. Doch Loko verstellte ihm den Weg.

Die drei Jungs schauten grinsend zu.

Suchend sah Simon sich um. Er entdeckte Beni, den Freund aus seiner Klasse, und winkte ihm. «Kommst du mal schnell?»

«Was steht an?», rief Beni, während er herüberkam. Auf seiner Wange klebte ein Pflaster, das eine lange

Schramme nur teilweise bedeckte. Herausfordernd fasste er Loko ins Auge. «Hast wohl noch nicht genug Schwierigkeiten, was? Hat es dir nicht gereicht, dass du gestern Abend mit deinen Eltern zum Lehrergespräch musstest?»

Loko starrte ihn eisig an. «Pass auf, du Schweinegehirn.»

Beni und Simon versuchten, seinem Blick nicht auszuweichen.

Nach ein paar Sekunden schob Loko seine Basketballmütze hoch und gab Simon einen Stoß. «Du kannst mich mal.»

Aber er wandte sich tatsächlich ab. Mit lässig schlenkernden Schritten latschte er zu den drei Jungs hinüber.

«Was denn, Loko, war das etwa schon alles?», fragte Manfred. Er war der Kleinste von ihnen, ein dünner, schmächtiger Junge, der immer die coolsten Markenjeans trug. «Du hast ja noch nicht mal richtig angefangen.»

«Kommt, Jungs, wir gehen eine rauchen», lenkte Loko ab und umfasste die drei freundschaftlich mit den Armen.

Doch Manfred machte sich los. «Finger weg!» Er musterte Loko ätzend. «Dieses Beni-Schweinchen da drüben hat wieder mal 'ne kleine Abreibung verdient. Ich möchte, dass du ihm eine verpasst.»

Loko lachte nervös und hob die Hände. «Ich hab Lust auf 'ne Zigarette.»

«Hör mal», sagte Manfred mit drohendem Unterton. «Das war keine Frage, sondern ein Befehl. Ist das klar zwischen uns?»

Die beiden anderen Jungs blickten gespannt zwischen Manfred und Loko hin und her.

Loko beugte sich zu Manfred hinunter und flüsterte: «Die Sache ist die: Ich kann diesen Beni nicht mehr anrühren. Weil ich dem Schleimbeutel eine verpasst hab, musste ich gestern mit meinen Alten vor dem Lehrer antanzen. Das gab mega Zoff mit meinem Vater. Sorry, aber bei diesem Beni liegt nichts mehr drin.»

«Ich wisch mir gleich 'ne Träne ab», frotzelte Manfred. «Willst du jetzt lieber mit mir Zoff oder mit deinem Senior?»

«Hör mal, ich ...»

Manfred drehte sich um. «Kommt, Leute, wir ziehen uns 'ne Zigi rein.»

Loko grinste aufatmend. Alle vier schoben ab und verschwanden zum Park neben dem Schulhof.

«Danke, Mann», sagte Simon zu Beni. Er hatte zwar nicht richtig Angst vor Loko, aber mulmig war ihm die Sache doch gewesen.

«Schon okay», murmelte Beni. «Hat offenbar was gebracht, dass ich die Pöbeleien von Loko meinen Eltern erzählt hab.»

«Was war denn eigentlich los?», wollte Simon wissen.

«Na ja, Loko hat mich dauernd blöd angemacht, kennst du ja. Zuerst nur doofe Sprüche, mit der Zeit Herumschubsen, Drohen und Anrempeln. Aber ich lasse mich von dem nicht einschüchtern. Ich hab mich halt gewehrt.» Er deutete auf die Schramme an seiner Wange. «Und gestern ist es dann dazu gekommen.»

Simon verzog mitempfindend das Gesicht. «Tut's sehr weh?»

Beni lachte. «Hat meine Mutter auch gefragt!» Er klopfte Simon auf die Schulter. «Komm, lass uns noch 'n paar Bälle aufs Tor kicken, bevor die Pause vorbei ist!»

«Elfmeter – ich geh zuerst ins Tor!» rief Simon, und beide rannten miteinander zum Fußballfeld hinüber.

Debora kauerte in der Parkanlage hinter einem Baum. Sie war während des Versteckspiels noch nicht entdeckt worden. Als plötzlich ein paar Jungs in ihre Nähe traten, erschrak sie.

Vorsichtig spähte sie um den Baum herum.

Da sah sie, wie Manfred Zigaretten aus seiner Packung anbot. Die Jungs bemerkten sie nicht.

Manfred gab Feuer und zündete sich dann ebenfalls einen Glimmstengel an.

Loko wartete vergeblich auf eine Zigarette. «Krieg ich auch eine?»

Mit verstellter Stimme äffte Manfred ihn nach: «Krieg ich auch eine? Krieg ich auch eine?» Er blies Rauch aus und sah ihn fies von unten herauf an. «Jetzt willst du plötzlich wieder dazugehören, du Verlierer, was?»

«Aber Manne, ich hab dir doch erklärt ...»

«Und ich hab dir erklärt, dass du's nur sagen musst, wenn du Zoff kriegen willst. Du möchtest also gerne bei uns dreien in der Bande bleiben, oder wie?»

Debora verschluckte sich fast. Diese Jungs gehörten alle zur Bande! Vor lauter Bammel, sich zu verraten, wagte sie keine Bewegung und verhielt sich mucksmäuschenstill.

«Klar», sagte Loko. «Ihr seid doch meine Kumpels.»

Manfred verzog in gespieltem Mitleid das Gesicht. «So einfach geht das leider nicht. Das ist dir doch wohl klar, oder?»

Bevor Loko antworten konnte, blickte Manfred die zwei anderen Jungs an und wies mit einer Kopfbewegung auf ihn.

Sie ließen ihre Glimmstengel zu Boden fallen, obwohl es schien, als wäre ihnen bei der Sache nicht ganz wohl. Von beiden Seiten packten sie Loko und versuchten ihm die Arme auf den Rücken zu drehen. Er wehrte sich heftig. Alle drei stürzten ins Laub, wobei Lokos Schirmmütze ins Gebüsch geschleudert wurde.

Debora starrte das Käppi an. Es hing nur wenige Schritte entfernt in dem Strauch zwischen ihr und der Bande.

Und da durchzuckte sie eine Idee. Ihr Herz begann bis zum Hals zu pochen.

Sie nahm ihren ganzen Mut zusammen und schlich geduckt zu der Mütze hin.

Die Jungs rauften im Laub. Manfred qualmte und schaute ihnen zu. Er hatte Debora den Rücken zugekehrt.

Sie war jetzt ganz nah bei dem Strauch und hielt die Luft an.

Hastig schnappte sie sich das Käppi und schob es unter ihren Pullover.

Dann huschte sie zurück. Im Nacken hatte sie das beklemmende Gefühl, sie würde im nächsten Augenblick von jemandem gepackt werden.

Mit eingezogenem Kopf erreichte sie ihr Versteck wieder. Ein Blick zu den Jungs zeigte ihr, dass ihre Angst

umsonst gewesen war: Sie rangelten immer noch und waren vollkommen mit sich selbst beschäftigt.

Erleichtert atmete Debora auf. Geschafft! Leise verließ sie den Park.

«Das genügt», befand Manfred gelassen.

Die Jungs ließen zögernd voneinander ab. Keuchend erhoben sich alle drei und klopften Laubblätter von ihren Kleidern. Einer begutachtete die blutende Schramme auf seinem Handrücken.

«Fühlt ihr euch jetzt besser?», murrte Loko und strich sich seine schwarzen Locken aus der Stirn. «He! Wo ist meine Mütze?»

«Weiß ich doch nicht», sagte einer der übrigen, während Loko sich suchend umsah.

«Ist auch egal», brummte er. «Ich hab eh noch eine Ersatzkappe zu Hause.»

Debora fuhr sich in sicherer Entfernung lächelnd mit der Hand über ihren ausgebeulten Pullover. Sie wusste, wo die Mütze war.

Das Versteck

9

Nach dem Mittagessen rannten Debora und Raffi aus dem Haus. Simon kniete bereits vor der Hundehütte neben der Treppe und bürstete Zwockels Fell. Doch als der Collie die Mädchen sah, konnte ihn nichts mehr halten – er sprang an Debora hoch und wollte ihr das Gesicht ablecken.

«Nicht so stürmisch!», kreischte sie und warf den Kopf in den Nacken. Sie mochte es absolut nicht, wenn ihr die feuchte Hundezunge über Mund und Wangen schlabberte.

Hechelnd rollte der junge Collie auf den Rücken. Seine Beine zappelten in der Luft.

«Na, du kleiner Held!» Raffi kauerte sich hin und kraulte seinen warmen Bauch.

Doch auf einmal wirbelte der Hund herum und sprang auf eine Katze zu, die vor den Blumenladen geschlichen war. Zuerst erhob sie gebieterisch den Schwanz, aber dann schoss sie fauchend über die Kundenparkpätze davon. Auftrumpfend bellte Zwockel hinter ihr her.

«Ha!», rief Simon. «Wenn die Mieze noch ein bisschen schneller türmt, hebt sie in die Luft ab!»

«Die hat mega Panik vor Zwockel», staunte Raffi.

Debora zog ihre Geschwister um die Hausecke. «Kommt mal mit! Ich muss euch was zeigen!»

«Was denn?»

Zwockel tänzelte unternehmungslustig um ihre Beine herum.

Im Hinterhof griff Debora unter ihren Pullover und zog schwungvoll Lokos Schirmmütze hervor: «Tadaaaa!»

«Hey, ist das nicht Lokos Kappe?», fragte Simon überrascht.

Ein Lächeln huschte über Deboras Gesicht. Sie nickte stolz.

«Wie bist du denn an die gekommen? Ich check's nicht mehr!» Verdutzt glotzte Raffi ihre Schwester an.

«Seid ihr fertig für den Wald? Ich erzähl's euch da.» Debora hielt dem Hund die Mütze hin. «Hier, schnupper mal!»

Zwockel schnüffelte neugierig daran.

«Da bin ich aber gespannt!» Simon holte das Hundehalsband, legte es dem Collie um und nahm ihn an die Leine. «Also los! Auf zum Wald!»

Die Kaminski-Kids gingen über den Kiesweg an den Treibhäusern vorbei zum Bach. Am Wasser folgten sie dem ausgetrampelten Feldweg bis zu der alten Holzbrücke. Sie überquerten sie und traten in den Wald, der von Vogelgezwitscher erfüllt war.

Raffi war ganz kribbelig: «Jetzt wird's spannend!»

«Zwockel! Schau!» Debora gab dem Collie Lokos Mütze noch einmal zum Beschnüffeln. «Und nun such! Such!»

Entschlossen zog der Hund los. Die Kinder blickten sich erfreut an.

Doch plötzlich setzte Zwockel sich hin. Gebannt starrte er einem vorbeiflatternden Schmetterling nach.

«Komm schon, Zwockel! Wir sind jetzt nicht deswegen hier!»

Als der junge Collie von dem fliegenden Wunderding genug hatte, stand er auf, schnupperte an einer Farnpflanze und begann, ihre Blätter abzubeißen.

Simon zupfte an der Leine. Widerstrebend kam der Hund weiter. «Nun rück endlich raus, Debora, wie um alles in der Welt du an Lokos Kappe gekommen bist!»

Während sie tiefer in den Wald eindrangen, erzählte Debora, auf welch gewagte Art sie es in der Parkanlage geschafft hatte, die Schirmmütze zu schnappen.

Der Weg verzweigte sich. Zwockel hielt seine Nase dicht über dem Boden und entschied sich für eine Richtung. Er zog wie ein Weltmeister an der Leine, so dass Simon Mühe hatte, ihn auf Schritt-Tempo zu bändigen.

«Dieser Weg führt doch zur Forsthütte!», rief Simon. «Das wär ja 'n Ding, wenn die da ...»

«Wäre gar nicht so dumm», fand Debora. «Da ist es trocken und gut versteckt!»

Zwockel beschnüffelte einen schmalen Erdpfad, der seitlich zwischen moosbewachsenen Steinen abzweigte.

«Nein, die Forsthütte liegt da!» Simon zerrte an der Leine.

Tatsächlich kam der Collie her. Aber er blieb bei Debora stehen und schnupperte aufgeregt an ihrer Hosentasche.

«Was hast du denn?» Debora zog Lokos Kappe heraus.

Sofort stupste Zwockel seine schwarze Nase hinein, roch an dem Stoff und sprang zu dem Seitenpfad zurück. Leise winselnd zog er mit aller Kraft in diese Richtung.

Die Kids starrten sich angespannt an.

«Denkt ihr dasselbe wie ich?»

«Ich glaub, mich streift 'n U-Boot! Der hat wirklich eine Spur!»

«Mal sehen, wo das hinführt.»

Sie folgten Zwockel dem gewundenen Pfad entlang eine steile Anhöhe hinauf. Der Erdboden duftete kräftig nach Pilzen und war mit buntem Laub besät. Durch die herbstlichen Baumkronen fiel milchiges Licht. Die Sonne stand schon ziemlich tief, der größte Teil des Nachmittags war inzwischen vorüber.

Bei einem aufgeschichteten Holzstapel hörte der Pfad auf.

Ratlos blickten die Kinder sich um.

«Das war wohl nichts.» Simon tätschelte Zwockels Rücken. «Na ja, jeder kann sich mal irren.»

Aber ein wenig enttäuscht waren die Kinder schon.

Debora schaute auf ihre Uhr. «Wir müssen umkehren. Es wird bald dunkel.»

Doch Zwockel hatte die Nase immer noch nah am Boden und zog weiter. Die Kids folgten ihm um den Holzstapel herum, auf einen felsigen Vorsprung hinauf.

Hier hielten sie schwer atmend an.

Vor ihnen lag eine schmale Schlucht. Unten in der Senke schlängelte sich ein Bach.

Gedämpft drangen laute Jungenstimmen herauf.

Rasch legte Simon den Finger an den Mund.

Die Mädchen hatten ebenso geweitete Augen wie er.

Und dann sahen sie es. Am Ufer des Bächleins stand, gut versteckt zwischen Felsen, eine Art Hütte. Aus Balken und Latten hatte jemand einen Verschlag gezimmert.

«Ich hab uns was besorgt», hörte man einen Jungen sagen. Es war unverkennbar die Stimme von Loko. «Hast du die Flasche dabei, Manne?»

«Ja, hier. Erstklassiges Zeug – heizt ganz schön ein.»

«Krass», meinte ein anderer Junge. «Whisky vom Feinsten!»

Debora und Raffi blickten sich erhitzt an.

«Loko muss erst kurz vor uns gekommen sein», flüsterte Debora. «Deshalb hat Zwockel die frische Witterung so toll aufgenommen!»

«Guter Hund!», lobte Simon leise und kauerte sich neben dem Collie nieder. «Ohne dich hätten wir das niemals gefunden!»

Raffi schickte eine stürmische Botschaft zum Himmel. «Du bist ein Schatz, Jesus», dachte sie still für sich, «dass wir das Versteck aufstöbern konnten!»

Liebevoll kraulte Debora Zwockel hinter dem Ohr und hauchte hinein: «Jetzt hast du dir eine Riesenportion Hundekuchen verdient!»

Der gefährliche Beobachtungsposten

10

Vorsichtig kletterten die Kaminski-Kids den felsigen Abhang zur Waldsenke hinab. Unten zog Zwockel zum gluckernden Bach, um Wasser zu trinken.

Wachsam schauten die Kinder sich um. In der Schlucht war niemand zu sehen. Außer der Hütte gab es weit und breit kein Anzeichen von menschlichem Leben.

Sie sprangen über das Bächlein und schlichen lautlos zum Holzverschlag hinüber. Als Raffi für einen Moment nicht aufpasste, trat sie auf einen trockenen Ast.

Es knackte laut.

Die Kids blieben wie angewurzelt stehen und starrten auf die Hütte.

Zuerst geschah nichts. Dann, nach einem schreckensvollen Augenblick, geschah immer noch nichts.

Die Jungen in der Holzbude unterhielten sich wie zuvor. Das Plätschern und Rauschen des Bachs hatte wohl das Knacken übertönt.

Die Kinder atmeten auf.

Simon beugte sich zu Zwockel nieder und flüsterte ihm ins Ohr: «Du darfst auf keinen Fall bellen! Klar?»

Der Collie blickte ihn treu an.

Behutsam tasteten die Kaminskis sich zur Holzbude vor. Durch winzige Ritzen zwischen den Latten und Balken konnten sie ins Innere linsen.

Drinnen saßen Loko, Manfred und die beiden anderen Jungen, die am Morgen mit Loko gekämpft hatten, auf dem Boden. Um sie herum lagen angebrochene Zigarettenstangen, leere Bier- und Schnapsflaschen und jede Menge Kippen.

Simon hielt die Luft an, als er mitten in dem ganzen Müll die Geldbörsen sah, die neulich in der Turnhalle gestohlen worden waren. Also war es tatsächlich Loko gewesen, der die Dinger genommen und Manfred übergeben hatte!

«Hast du sie nicht mehr alle?» Manfred starrte Loko wütend an. «Du hast dieses kleine Balg gezwungen, den Whisky zu klauen? Die geht ja fast noch in den Kindergarten!»

Raffi öffnete den Mund, um zu protestieren. Erschrocken hob Debora blitzschnell die Hand und wollte sie der Kleinen auf den Mund drücken. Doch Raffi hatte es selbst schon geschnallt, sie klemmte ihre Lippen zusammen.

«Mindestens erste Klasse, glaub ich», murmelte Loko.

Raffi nickte befriedigt.

«Spinnst du eigentlich?», fuhr Manfred ihn an. «So'n kleines Gör kann doch unmöglich die Klappe halten! Du weißt ganz genau, dass wir immer nur so große Trottel anbaggern, die wirklich schweigen können, du Nülpe!»

«Der Moment war halt so gut», verteidigte sich Loko. «Die Kleine alleine in dem Park – da dachte ich ...»

Manfred äffte ihn nach. «Da dachte ich, da dachte ich! Einen Beutel voll grünen Schleim hast du gedacht!» Er nahm ein paar Schlucke aus seiner Bierflasche.

«Kein Grund für so 'n Aufstand», wiegelte Loko ab. «Die Kleine kann gar nicht anders als den Mund halten – sie hängt jetzt ja selbst mit drin, weil sie den Whisky geklaut hat. Ich kann ihr sogar damit drohen, sie zu verraten, wenn sie uns nichts mehr beschafft.»

Simon schaute Raffi anerkennend an und hob den Daumen. Zum Glück hatte sie nicht gestohlen, sonst wäre sie jetzt erpressbar.

Sie nickte wortlos. Diese Folge hatte sie sich noch gar nicht überlegt.

Drinnen öffnete einer der Jungs eine Cola-Dose, trank einen Schluck und füllte sie mit Whisky auf.

Raffi erkannte die Whiskyflasche auf den ersten Blick wieder.

Als Loko danach greifen wollte, schnappte Manfred sie ihm weg und stellte sie zu den Jungs hinüber. «Whisky für Holger, Whisky für Ergün und für mich. Aber kein Whisky für dich.» Er fasste Loko scharf ins Auge. «Ich sag dir eins, wenn wir Schwierigkeiten bekommen wegen der kleinen Zicke und dem Whisky ...»

Debora warf einen Kontrollblick zu Raffi, aber die beherrschte sich schön von selbst.

«... dann wird's für dich ziemlich ungemütlich. Und außerdem, versteht sich, bist du dann die längste Zeit in unserer Bande gewesen.»

«Das wird keine Schwierigkeiten geben», versicherte Loko. «War bei mir damals ja genau dasselbe. Am

Anfang musste ich was für euch klauen, und seither hänge ich mit drin – bin ich bei der Bande ...»

«Also, das Zeug ist gut!» Holger hielt Manfred die Cola-Dose hin.

Der schüttelte abweisend den Kopf. Er legte sich seinen mitleidvollen Ausdruck ins Gesicht und fragte Loko mit milder Stimme: «Weißt du was? Sind wir vielleicht miese Typen?»

«Logo nicht! Ihr seid meine Freunde. Ohne euch wär ich echt ...»

«Und was tun Freunde?» Manfred sah ihn an und antwortete dann gleich selbst: «Die halten zusammen, oder?»

Erleichtert lächelte Loko. «Klar doch. Wir halten zusammen.»

«Na also.» Manfred leerte seine Bierflasche in einem langen Zug. «Du sollst nochmals eine Chance bekommen.» Umständlich holte er eine Zigarette hervor und zündete sie sich an. «Tu was für die Bande. Irgendwas Cooles.» Er blies den Rauch aus. «Eine Sonderleistung sozusagen. Dann ist alles vergessen. Kannst du mir folgen?»

Abwartend musterte Loko ihn. «Aber ... was denn für eine Sonderleistung – ich meine ...»

«Weiß ich noch nicht. Du wirst es schon merken, wenn es so weit ist.» Er spielte mit dem Feuerzeug und ließ es ein paar Mal anschnappen. Dann fügte er beiläufig hinzu: «Vielleicht heute Abend.»

Holger und Ergün horchten auf. «Was ist denn heute Abend los?»

Manfred winkte die Jungs bedeutungsvoll näher, und alle vier steckten die Köpfe zusammen. «Ich hab den Wurrmann und ein paar andere Lehrer über etwas sprechen hören», erklärte er. «Heute wird die neue Schulhaus-Hi-Fi-Anlage geliefert. Über Nacht soll sie in den Keller kommen, bevor sie morgen im Musiksaal montiert wird. Der Musiksaal ist zu hoch, da kommen wir unmöglich ran. Aber der Keller ist easy ...»

Vor der Hütte warfen sich die Kids eindringliche Blicke zu.

«Du meinst ...?», fragte Holger drinnen.

Manfred nickte. «Ich kenne jemand, der einen Hi-Fi-Turm mit Mega-Boxen braucht. Mit dem Geld dafür können wir uns 'n paar fette Getränke besorgen. Und heiße Klamotten, so viel ihr wollt! Na, ist das was?»

«Ein paar Videospiele liegen auch drin?», wollte Ergün wissen.

«Aber sicher doch», meinte Manfred großzügig. Zu Loko sagte er: «Das Gitter vor dem Einstieg zum Schulhauskeller ist kein Problem. Aber da ist das Fenster – einer von uns muss es einschlagen. Ich glaub zwar nicht, dass 'ne Alarmanlage dran hängt, aber trotzdem ist es ein Risiko ...»

Abwägend schürzte Loko die Lippen. «Meine Sonderleistung?»

«Deine Sonderleistung.» Manfred stieß eine Qualmwolke aus.

Durch die Ritzen miefte es bis zu den Kaminskis heraus.

Im Wald war es allmählich fast dunkel geworden. Irgendwo krächzte ein Rabe.

Simon gab den Mädchen ein Zeichen.

Lautlos schlichen die drei mit Zwockel davon. Sie versuchten, möglichst auf keinen Ast zu treten, was in dem Dämmerlicht gar nicht so einfach war.

«Okay, kein Problem», hörte man Loko in diesem Moment in der Hütte sagen.

«Dann ist ja alles gebongt!», rief Manfred. «Also, lasst uns gleich losziehen. Die Zeit ist genau richtig.»

Hastig versteckten die Kids sich hinter einem großen Felsblock. Simon kauerte nah bei Zwockel und hielt ihn am Halsband fest, damit er sich nicht von der Stelle rührte.

Schon trat Manfred aus der Holzbude. Loko und die anderen folgten ihm. Scherzend stiegen die Jungs den felsigen Hang hinauf.

«In dem Versteck ist kein Diebesgut vom Radio-TV-Geschäft», flüsterte Simon. «Den Einbruch dort müssen andere verübt haben.»

«Und was tun wir jetzt?», wisperte Debora besorgt.

«Wir folgen ihnen nicht», murmelte Simon. «Wir wissen ja, wo sie hinwollen. Wenn wir hinten rum zum Schulhaus rennen, können wir vielleicht gleichzeitig mit ihnen da sein.»

«Und dann?», fragte Raffi bange.

«Wir warten, bis sie im Keller sind. Und schließen sie irgendwie ein.»

«Und dann holen wir die Lehrer!»

«Genau!»

«Klasse!» Raffi fröstelte vor Aufregung. «Mann o Mann, wenn das bloß gut geht!»

Der neuste Coup

11

Atemlos trafen die Kaminski-Kids mit Zwockel in der Parkanlage ein. Im Schutz der Büsche spähten sie über den nächtlichen Platz.

Dort hoben Ergün, Loko und Holger bereits das Gitter über dem Schacht des Schulhauskellers aus der Verankerung. Manfred stand daneben und schaute zu. Plötzlich knallte der Rost zu Boden und klemmte Holgers Finger ein.

«Mist-Teil, blödsinniges!», fluchte er.

«Schhhht!», zischte Manfred gereizt. «Nicht so laut!»

Die Jungs beugten sich über den Einstieg und linsten hinab.

Loko fragte misstrauisch: «Wieso brennt denn da unten Licht?»

«Weiß ich doch nicht. Vielleicht hat's jemand vergessen auszumachen.»

«Und wenn wer im Keller drin ist?»

Manfred zuckte die Schultern: «Einer geht nachschauen, dann wissen wir's.»

Alle blickten Loko an.

Er deutete auf seine Brust. «Was? Ich?»

Ergün verzog das Gesicht und hielt sich schalkhaft die Nase zu. «Iiiih! Riecht ihr das auch? Da hat jemand mega die Hosen voll!»

«Ach Quatsch!» Loko schob die anderen weg und kletterte die Eisentritte hinab. Als seine Füße auf der Höhe des Fensters waren, ließ er sich in die Hocke federn und spähte in den erleuchteten Raum.

Kahle Betonwände. Metallgestelle mit Papier und Büromaterial. Ein Hellraumprojektor und eine Fotokopiermaschine. Keine Menschenseele zu sehen.

Vorsichtig sprang er auf den Boden des Schachts. Von hier hatte er den ganzen Kellerraum im Blick. Es war niemand drin. Dafür lag auf einem Tisch ganz vorne ein riesiger Karton. Er trug die Aufschrift: NICHT KIPPEN – ZERBRECHLICHER INHALT – SONY.

Loko rieb sich die Hände und lächelte zu den Jungs hoch, die von der Kante des Schachts herabstierten. Ganz cool sagte er: «Alles okay. Das Geschenk wartet nur darauf, ausgepackt zu werden.»

«Na also.» Manfred versuchte die Nervosität in seiner Stimme zu unterdrücken. Er hob einen großen Stein auf und gab ihn Holger. «Der ist für Loko. Du und Ergün, ihr geht runter. Ich passe hier oben auf.»

Die beiden sahen sich kurz an. Dann stiegen sie in die Tiefe.

«Hier.» Holger streckte Loko den Stein hin.

«Hey!», raunte Manfred herab. «Loko, wirf mir deine Jacke hoch!»

«Wieso das denn?»

«Wieso das denn? Wieso das denn?», nölte Man-

CAR
MAN

fred. «Manchmal gehst du mir wirklich auf den Geist! Wenn deine Jacke beim Bruch Spuren hinterlässt und sie dich deshalb erwischen, musst du dich jedenfalls hinterher nicht bei mir beschweren!»

Widerstrebend zog Loko seine Jacke mit dem New-York-Yankees-Zeichen aus und schmiss sie zu Manfred hoch, der sie auffing und sofort überzog. Loko fragte sich, ob Manfred ihm den wirklichen Grund genannt hatte – oder ob er womöglich den Verdacht auf ihn lenken wollte, falls er plötzlich türmen müsste.

«Was ist?» Holger wartete unruhig.

Loko nahm den Stein und spähte noch einmal in den Keller hinein.

«Nun mach schon!», drängte Ergün.

Mit der spitzen Ecke schlug Loko in die Scheibe. Das Glas splitterte, große Stücke und winzige Scherben klirrten drinnen zu Boden. Das Ganze machte einen Höllenlärm.

Geschockt starrten die Jungs sich an. Sie blickten nach oben, aber von Manfred war nichts zu sehen.

Loko hämmerte mit dem Stein die restlichen Glasteile weg und stieg in den Keller ein.

Zögernd folgten Ergün und Holger.

Zunächst schauten sie sich unsicher um. Als sie nichts Außergewöhnliches entdeckten, fingen sie zu witzeln an.

«Wahrscheinlich hat so ein seniler alter Lehrer das Licht angelassen!»

Doch Holger zweifelte: «Ich weiß nicht. Irgendwie gefällt mir die Sache nicht.»

Die beiden anderen lachten. Loko holte sein Klappmesser heraus, ließ es aufschnappen und schnitt den Sony-Karton der Kante entlang auf.

Von ihrem Versteck in der Parkanlage aus sahen die Kaminski-Kids, wie Manfred sich vom Kellerschacht entfernte, bevor es mordsmäßig klirrte. Manfred rannte bis zur Mitte des dunklen Schulhofs und schaute sich wachsam um. Als nirgends Licht anging und sich auch sonst niemand rührte, schlenderte er zum Einstieg zurück.

«Wieso hat der denn Lokos Jacke an?», flüsterte Raffi. «Die ist ihm doch viel zu weit.»

«Keine Ahnung.» Simon hielt Zwockel am Halsband und kraulte ihn hinter dem Ohr. «Vielleicht ist ihm kalt.»

Manfred machte keine Anstalten, in den Keller hinabzusteigen. Er blieb beim Gitter stehen und beobachtete die Umgebung.

Raffi wisperte: «Wie sollen wir die Jungs denn einschließen, wenn einer Wache steht? So kommen wir ja gar nicht an sie ran.»

«Tja. Damit haben wir nicht gerechnet», seufzte Simon.

Ratlos zog Debora Lokos Schirmmütze aus der Tasche. «Wenn Loko draußen wäre, könnten wir Zwockel auf ihn ansetzen ...»

«Ja Pingu!» Raffis Augen leuchteten. «Manfred trägt doch Lokos Jacke! Das müsste doch auch klappen!»

«Hey, Schwesterchen!» strahlte Simon. «Wenn wir dich nicht hätten!»

«Versuchen wir's», schlug Debora vor.

Raffi war ganz zappelig. «Au ja! Au ja!»

Zwockel schnupperte aufgeregt an Lokos Mütze, die Debora ihm vor die Nase hielt.

Simon klinkte energisch die Leine aus. «Und nun such, Zwockel! Lauf!»

Der Collie flitzte wie eine Rakete über den Schulhof.

Als Manfred den hechelnden Hund so plötzlich auf sich zujagen sah, weiteten sich seine Augen. Bestürzt blickte er sich nach allen Seiten um. Doch bevor er sich bewegen konnte, war Zwockel schon bei ihm.

Bellend stieg der Collie an seinen Beinen hoch.

«Nein!», rief Manfred. «Lass mich! Weg! Weg! Ooooohhhh!»

Panikartig wich er rückwärts und türmte in die einzige Richtung, die ihm offen blieb: den Schacht hinab. Hastig ließ er sich an den Eisentritten in die Tiefe hinunter und sprang in den Kellerraum.

Zwockel guckte an der Schachtkante nach unten und winselte.

«Check!» Hinter dem Busch hörte man das Geräusch von aufeinanderklatschenden Händen.

Dann tauchten Simon, Debora und Raffi auf und sausten über den Platz zu Zwockel. Mit vereinten Kräften schoben sie das Gitter auf den Schacht.

Als es einrastete, wälzte Simon zwei schwere Steine drauf und keuchte tonlos: «So! Das kriegen die nie mehr auf! Und jetzt nichts wie weg hier!»

Überraschung im Keller

12

Dass der Gitterrost über dem Einstieg in die Verankerung krachte, war nicht die einzige Überraschung für die vier Jungs im Schulhauskeller. Denn wenige Sekunden später drehte sich im Türschloss der Schlüssel.

Die Tür ging auf.

Zwei Lehrerinnen und drei Lehrer traten in den Raum.

Manfred und Ergün quetschten sich durch die Fensteröffnung und hasteten den Schacht hoch. Mit seinen dünnen Armen konnte Manfred das Gitter nicht wegstemmen. Ergün half ihm, doch auch gemeinsam reichte ihre Kraft nicht aus.

Wütend kehrten die beiden in den Keller zurück.

«Das ist ja interessant, wer da alles versammelt ist», bemerkte eine Lehrerin.

«Die sind tatsächlich in unsere Falle gegangen», staunte Herr Wurrmann.

Aufmüpfig standen Holger, Manfred und Ergün da.

Loko hob das Klappmesser und funkelte die Männer gefährlich an.

Herr Wurrmann, sein Klassenlehrer, machte einen Schritt auf ihn zu. «Das würde ich an deiner Stelle bleiben lassen!» Er konnte nicht verhindern, dass seine Stimme zitterte. «Dadurch machst du alles noch viel schlimmer.»

Langsam streckte Wurrmann die Hand aus. «Gib mir das Messer!»

Loko schaute abwechselnd auf das Klappmesser und zu den Männern.

«Das hat doch keinen Sinn», presste Frau Rittmayer, die Musiklehrerin, hervor.

«Sie sind mal schön still!», zischte Loko.

«Nun gib's schon her», sagte Holger. «Mach keinen Scheiß!»

Lauernd suchte Loko Manfreds Blick. Doch der sah bloß stumm zu Boden.

Widerwillig klappte Loko das Messer zusammen und legte es in Herrn Wurrmanns Hand.

«Na also.» Die Erleichterung des Klassenlehrers war nicht zu überhören.

Auch die anderen Lehrer entkrampften sich nun ein wenig.

«Nur zu eurer Information», eröffnete ihnen Herr Brandenberg, der Schulleiter. «Uns ist nicht entgangen, dass sich in letzter Zeit im Schulhaus Delikte gehäuft haben. Und weil nach dem Diebstahl in der Turnhalle der Täter sich nicht gemeldet hat, haben wir uns diese kleine Finte hier ausgedacht, um dem Treiben Einhalt zu gebieten.»

«Was soll denn das heißen?», gab sich Ergün entrüstet. «Wir haben noch nie was verbrochen. Das hier ist das erste Mal, dass wir was Schräges versucht haben!»

«Wer's glaubt, wird selig», meinte Frau Rittmayer. «Der junge Mann hält uns wohl für bescheuert!»

«Nein, ehrlich!», rief Holger. «Ich schwör's!» Treuherzig hielt er zwei ausgestreckte Finger hoch.

Nun erwachte auch Manfred aus seinem Grabesschweigen. «Das stimmt. Es waren immer andere, die was gedreht haben.»

Herr Wurrmann schob das Klappmesser in seine Hosentasche. «Und was sagst *du* dazu, Loko?»

«Na, was schon. Ihr könnt uns eh nichts beweisen.»

«Das wollen wir ja mal sehen.» Schulleiter Brandenberg ging zum hinteren Teil des Raums. In einem der Metallwandgestelle mit Büromaterial schob er zwei Papierstapel auseinander. Dazwischen kam eine Videokamera zum Vorschein. Sie war eingeschaltet. «Braucht Licht, so ein Ding, damit es aufnehmen kann. Aber ihr habt die Sache ja trotzdem nicht durchschaut.» Er lächelte und nahm die Kassette aus dem Gerät. «Und nun kommen die Herren bitte mal mit.»

Auf dem finsteren Schulhof nahmen die Kaminski-Kids erstaunt wahr, wie auf dem Korridor im Erdgeschoss der Schule die Lichter angingen.

«Was ist denn da los?», fragte Debora, die eben noch Zwockel getätschelt und gelobt hatte für seine super Leistung.

«Das möchte ich auch wissen», murmelte Simon.

Raffi hielt sich halb hinter ihm versteckt, als würde

nächstens einer der Bandenjungs aus dem Fenster hechten.

Doch die trotteten nun drinnen mit gesenkten Köpfen durch den Flur. Ihnen folgten die fünf Lehrer.

Verblüfft sahen die Kaminskis sich an.

«Jetzt check ich gar nichts mehr», wunderte sich Raffi. «Du?»

Simon hob die Schultern.

Lautlos schlichen die Kids im Hof an der Außenseite von zwei Schulzimmern vorüber und beobachteten geduckt, wie eine Lehrerin drinnen im Vortragssaal die Beleuchtung einschaltete.

Herr Brandenberg machte sich am Videoabspielgerät zu schaffen.

«Ich glaub, mich tritt ein Eichhörnchen!», flüsterte Debora. «Gibt's da drin eine Sondervorstellung?»

Es dauerte nicht lange, bis auf der großen Leinwand ein Bild aufflammte.

«Das ist ja Loko!» Raffi kriegte den Mund nicht mehr zu.

Gestochen scharf war in dem Film Loko zu erkennen, der durchs zertrümmerte Fenster in den Kellerraum sprang und auf dem Fußboden in die Hocke federte. Ergün und Holger folgten. Das Video zeigte deutlich, wie die Jungs sich im Keller umsahen.

«Wahrscheinlich hat so ein seniler alter Lehrer das Licht angelassen!», dröhnte Ergüns Stimme aus den Lautsprecherboxen.

Schulleiter Brandenberg drehte den Apparat etwas leiser und blickte zu Herrn Marquart hinüber, dem ältesten Lehrer des Schulhauses. Dieser verzog keine Miene.

«Ich weiß nicht», brummte Holger aus den Boxen. «Irgendwie gefällt mir die Sache nicht.»

«Und was soll jetzt diese ganze Show hier?», muckte Manfred auf. «Damit beweisen Sie uns gar nichts. Dass wir in dem Keller waren, haben wir ja nicht abgestritten.»

Herr Brandenberg schmunzelte und zeigte wortlos auf die Leinwand, wo Loko gerade mit seinem Messer den SONY-Karton aufzuschneiden begann.

Manfred wurde bleich, als er Ergün aus den Lautsprechern sagen hörte: «Hast jetzt *du* die Hosen voll? Bei den letzten Dingern hat auch immer alles geklappt. Auf die Touren in den Klassenzimmern ist uns jedenfalls keiner gekommen.»

«Vergiss nicht mein Schnäppchen in der Turnhalle», grinste Loko im Film. «Ich seh noch das bedepperte Gesicht von dem Wurrmann vor mir, als die Geldbeutel weg waren. ‹Der Dieb muss sie zurückgeben, der Dieb muss sie zurückgeben›, hat der Dödel gemeint, ‹sonst wird die Sache Folgen haben› – ha, ha, ich lach mir 'n Loch in den Schuh!»

«Ich finde das Ganze nicht so lustig», bemerkte Herr Wurrmann sauer.

Schulleiter Brandenberg stellte das Gerät ab. «Ich denke, das reicht.»

«Allerdings.» Die Musiklehrerin nickte nachdrücklich. «Allerdings. Das tut es.»

Werden die Jungs angezeigt?

13

Herr Brandenberg schob seine Brille auf die Nasenwurzel hoch. Er wies auf Manfred, Loko, Ergün und Holger und schaute die Lehrpersonen im Vortragssaal an. «Die Frage ist nun, was mit den jungen Herren hier geschehen soll.»

«Das ist für mich gar keine Frage», erklärte Herr Marquart. «Die müssen wir bei der Polizei anzeigen. Alles was Recht ist.»

Manfred atmete flach. Er schien tatsächlich fast den Tränen nahe.

Die anderen Jungs saßen eingeschüchtert in ihren Stühlen.

«Bitte nicht», sagte Ergün mit dünner Stimme. «Wenn das mein Vater erfährt ...»

«Das hättest du dir vorher überlegen müssen», entgegnete Herr Wurrmann.

«Aber wissen Sie denn nicht, was das bedeutet?» Ergüns Augen flackerten. «Das Ansehen der Familie! Mein Vater dreht durch, wenn unsere Familienehre befleckt wird!»

«Dass eure Väter davon erfahren, ist sowieso unumgänglich», beschied Herr Brandenberg. «Das können wir auch nicht ändern.»

«Das ist aber nicht dasselbe», wandte Loko ein. «Prügel von Vater sind schlimm. Aber wenn alle Leute im Dorf mitbekommen, dass unsere Familie mit der Polizei zu tun hat, rastet meiner aus ... Dann garantier ich für nichts mehr.»

«Es gibt auch noch andere Gründe, die gegen eine Anzeige sprechen», schaltete Frau Moldinger sich ein, die bis jetzt geschwiegen hatte. Sie war die Klassenlehrerin von Manfred, Ergün und Holger. «Eine solche Maßnahme wäre Gift für die Zukunft dieser jungen Menschen. Die Chancen für ihr weiteres Leben könnten enorm darunter leiden!»

«Unter dem kriminellen Treiben dieser vier Strolche leidet eine Menge anständiger Leute auch», versetzte Herr Marquart kühl. «Ich bin entschieden für eine Anzeige. Gefühlsduselei hin oder her.»

«Einen Ausrutscher – seien wir ehrlich – hat doch jeder von uns mal gehabt.» Frau Moldinger fixierte die anderen. «Ein Fehler ist nicht unverzeihlich. Er darf nur kein zweites Mal vorkommen. Wir sollten uns wirklich sehr gut überlegen, ob wir so herzlos ...»

«Das ist nicht herzlos», fand die Musiklehrerin. «Unter Umständen ist eine Anzeige bei der Polizei für die Jungen selber das Beste – weil sie dadurch etwas lernen fürs Leben.»

«Richtig!» Marquart bog seinen Rücken durch. «Irgendwo hat doch alles seine Grenzen.»

«Grenzen, ja», sagte Schulleiter Brandenberg. «Unbestritten müssen wir Grenzen setzen. Die Frage ist nur, in welcher Form.»

«Das Arbeitsprogramm wäre auch eine Möglichkeit», wägte Wurrmann ab. «Da müssten sie als Disziplinarmaßnahme zehn Tage lang in der Freizeit Arbeit leisten.»

Die Jungen schöpften ein wenig Hoffnung. Loko und Ergün schauten aus großen dunklen Augen die Lehrer an.

Doch Herr Marquart lachte trocken. «Ein bisschen werkeln, und nachher ist alles wieder wie zuvor. Nein, nein, nicht mit mir.»

«Aber die Folgen!», ereiferte sich Frau Moldinger. «Die Jungs werden's ohnehin nicht leicht haben. Mit ihren schlechten Zensuren haben sie beim heutigen Arbeitsmarkt miese Aussichten auf eine Lehrstelle.» Und mit Blick auf Ergün und Loko setzte sie hinzu: «Ganz besonders die beiden ...»

«Trotzdem!», erhitzte sich Herr Marquart. «So leicht dürfen die nicht davonkommen! Eine Arbeitsmaßnahme würde bei denen gar nichts nützen!» Er richtete einen bohrenden Blick auf Schulleiter Brandenberg.

Der sah die Jungen über den Rand seiner Brille hinweg fragend an.

«Doch, ganz bestimmt!», versicherte Ergün und setzte sich beflissen in seinem Stuhl auf.

Loko und Manfred pflichteten ihm nickend bei. Sie wirkten in diesem Moment braver als frisch geborene Lämmer.

Und Holger beteuerte reumütig: «Ich versprech's, ehrlich!» Er wollte zwei Finger heben, überlegte es sich aber anders und ließ es bleiben.

«Ha!», rief Marquart. «Das haben wir ja vorhin gesehen, was euer Ehrenwort wert ist!» Auftrumpfend fasste er seine Kollegen ins Auge. «Wir lassen uns von denen doch nicht für dumm verkaufen!»

Herr Brandenberg räusperte sich. «Da wir uns nicht einig zu sein scheinen, schlage ich eine Abstimmung vor.»

Die Lehrer musterten sich unentschlossen.

Schließlich nickten Herr Wurrmann und Frau Rittmayer. «In Ordnung.»

«Halte ich zwar für überflüssig», brummte Marquart. «Aber wenn's denn sein muss ...»

Die fünf Lehrer zogen sich in eine Ecke des Vortragssaals zurück. Dort berieten sie sich weiter.

Die Jungs bekamen von ihren Sesseln aus nur mit, dass die Meinungen immer noch hin und her schwankten.

Es dauerte eine Minute. Zwei Minuten. Drei Minuten.

Manfred, Loko, Holger und Ergün kam es vor wie eine Ewigkeit. Sie wagten nicht, sich miteinander zu unterhalten. Sie hatten trockene Münder und starrten abwechselnd von den Lehrern auf ihre eigenen Schuhspitzen.

Dann stimmten die Lehrer ab.

«Also», sagte Brandenberg. «Wer ist nun für eine Anzeige?»

Herr Marquart hob die Hand. Zögernd ließ Frau Rittmayer die ihre folgen.

«Und wer fürs Arbeitsprogramm?»

Zwei Hände gingen in die Höhe: die von Frau Moldinger und von Herrn Wurrmann.

«Zwei gegen zwei», folgerte Brandenberg unwohl. Sorgenfalten erschienen auf seiner kahlen Stirn. «Also bleibt der Stichentscheid an mir hängen.» Er legte die Hand grüblerisch ans Kinn und dachte nach.

Dann schritt er in sich gekehrt durch den Raum.

Die Lehrer blickten angespannt hinter ihm her.

Bedeutungsvoll baute der Schulleiter sich vor den Jungen auf. «Nun, äh, wir haben entschieden, dass ...» Er räusperte sich. «Unser Entscheid ist dahin gehend: In Anbetracht der Umstände und Argumente ...»

Den Jungs wurde es beinahe übel.

«... haben wir uns entschlossen, äh ... euch noch einmal eine Chance ohne Anzeige zu geben.» Er sah sie scharf an. «Eine einzige! Bei einem allfälligen nächsten Delikt werdet ihr unverzüglich angezeigt!»

Ergün wischte sich Schweiß von der Stirn. Loko und Holger lächelten verhalten. Nur Manfred schaute blass zu Boden. Er war noch immer stumm.

Herr Brandenberg sagte: «Als Strafe und zur Deckung des angerichteten Schadens – ich denke da zum Beispiel an das zertrümmerte Kellerfenster und das von Mitschülern gestohlene Geld – werdet ihr das Arbeitsprogramm erfüllen. Zehn Tage körperliche Arbeit in Betrieben im Dorf. Das Programm verfügt über eine Liste mit Hilfsjobs. Morgen kommt ihr mit euren Eltern zu mir. Ich werde sie über die Tatsachen ins Bild setzen und jedem von euch schriftlich eine Einsatzstelle zuweisen.»

Die Jungs schauten sich bange an. Bei der Aussicht auf die harte Arbeit und die Vorsprache mit den Eltern beim Schulleiter war ihnen das Lächeln wieder vergangen. Alle vier standen auf.

«Und wie gesagt», betonte Herr Brandenberg. «Dies ist eure letzte Chance! Ich hoffe, das ist euch allen klar.»

Abschied von den Pferden

14

«Hoo, Fanny, hooo!» Debora zog die Zügel straff und hatte Mühe, den schwarzen Friesen zum Stehen zu bringen.

Neben ihr versuchte Suila den Schimmel Lucy am Wegrand zu halten. Die Lipizzanerstute scharrte ungeduldig mit dem Vorderhuf, weil sie weiter wollte.

Auf dem Ackerweg kam ihnen Heinemanns Traktor entgegen. Der Bauer rief durch den Motorenlärm: «Ich muss euch nachher sprechen!»

Die Mädchen nickten und warteten, bis das knatternde Gefährt an ihnen vorbei war. Nervös legten die Pferde die Ohren flach an, ihre Köpfe ruckten aufgeregt rauf und runter.

Debora beugte sich vor. «Brav, Fanny!» Liebevoll tätschelte sie der Stute den Hals unter den geringelten Locken.

Dann ritten die beiden Mädchen am Maisfeld entlang weiter. Auf den Telefonmasten und Leitungsdrähten saßen Schwärme von Schwalben, die sich für ihren Zug in den Süden sammelten.

Dahinter kam die Arbeitersiedlung in Sicht. Die Mietskasernen lagen unter dem rußgrauen Qualm vom Fabrikschlot.

Friedlich trabten die Pferde nebeneinander her, und Suilas schönes schwarzes Haar flatterte im Wind. «Heute muss Loko schon wieder zu einem Gespräch zur Schule», erzählte sie. «Diesmal ist es noch ernster als letztes Mal – Mutter und Vater müssen sich extra freinehmen von der Arbeit!»

«Ach ja?» Debora horchte auf. «Und warum ist es so ernst, glaubst du?»

«Es gab gestern Abend zu Hause ein Riesen-Donnerwetter, als der Schulleiter anrief!»

Debora überlegte, was das wohl zu bedeuten hatte. Von der Arbeiterkolonie her beobachteten viele Kinder, wie die Mädchen mit ihren Pferden vorübertrabten und am Ende des Ackerpfades wieder umkehrten.

«Musst du diesmal nicht mit, um zu übersetzen?», fragte Debora aufmerksam.

Suila schüttelte den Kopf. «Es ist ein richtiger Dolmetscher da.» Ihrem Gesichtsausdruck war anzumerken, dass sie sich echt Sorgen machte.

«Und Loko? Was sagt der dazu?»

«Gar nichts. Kein Wort. Verstockt und muffig war der den ganzen Abend lang.»

Den Rest des Weges ritten sie schweigend nebeneinander her. Sie ließen die Stuten in Galopp fallen und zügelten sie erst, als sie auf den Hof von Heinemanns Farm einbogen.

Während Debora und Suila die Pferde absattelten, stapfte der Bauer vom Hühnerstall her auf sie zu. «Hallo, ihr beiden!», rief er und klopfte Fanny auf den Rücken. «Ich, ähm, muss euch leider was sagen.»

Die Mädchen schauten ihn fragend an.

Heinemann nahm seine Schippermütze ab und fuhr sich übers schüttere Haar. «Die Sache ist die ...»

«Ja?»

Er gab sich einen Ruck. «Also – ihr könnt ab nächstem Monat nicht mehr mit den Pferden ausreiten.»

«Aber warum denn? Haben wir was falsch gemacht?»

«Nee, nee, überhaupt nicht!», beteuerte er. «Es ist nur so, dass ... Die Zeiten sind für uns Bauern auch nicht mehr so leicht. Ich muss die Stuten an Kunden vergeben, die fürs Reiten bezahlen ...»

Suila schossen die Tränen in die Augen.

Heinemann war es sichtlich unangenehm. «Tja, tut mir wirklich Leid.»

Doch Debora hatte die Hoffnung noch nicht ganz aufgegeben. «Haben Sie denn schon Kunden für Fanny und Lucy gefunden?»

Der Bauer schüttelte den Kopf. «Nee. Ich werd eine Anzeige in die Zeitung setzen. Wie man hört, soll die Nachfrage nach Reitmöglichkeiten sehr groß sein.»

Suila wischte mit dem Handrücken die Tränen ab und zog die Nase hoch. «Was würde es denn kosten?»

«Zu viel für euch, das steht mal fest.»

«Wie viel?»

«Zweihundert im Monat.»

«Für beide Pferde zusammen?»

Heinemann setzte seine Mütze wieder auf. «Nee, für eins natürlich.»

Entmutigt sah Debora ihre Freundin an. «Das ist 'ne Menge Geld.»

Suila nickte traurig, und erneut liefen ihr Tränen die Wangen hinunter.

«Tja, ich sag's ja.» Betrübt stapfte der Bauer Richtung Hasengehege davon.

Die Mädchen spürten, dass Heinemanns Bedauern echt war. Aber das nützte ihnen natürlich auch nicht viel.

Sie trugen die schweren Sättel zum Geräteraum im Stall und hängten sie über die eisernen Halter. Das Zaumzeug hakten sie an den Nägeln daneben fest.

Wieder zurück bei Fanny und Lucy, rieben sie die schweißnassen Pferde mit Lappen trocken und führten sie danach über den Hof zur eingezäunten Weide. Dort hob Barny, der fuchsbraune Andalusierhengst, der eben noch friedlich gegrast hatte, den Kopf und trabte auf sie zu.

Suila öffnete die Koppel. Mit einem Klaps schickten die Mädchen die Stuten hinein. Sofort beschnupperten sich die drei Pferde und schnappten liebevoll nach einander.

Niedergeschlagen schloss Debora das Gatter wieder. «Tschüss, Fanny», murmelte sie mit belegter Stimme.

«Also, bis dann.» Suila umarmte ihre Freundin schniefend.

Debora wusste nicht, was sie sagen sollte. Sie drückte Suila nur ganz fest an sich.

Anschließend trotteten die Mädchen zu ihren Fahrrädern und strampelten in entgegengesetzte Richtungen nach Hause.

Die Pferde wieherten in der Koppel zum Abschied hinter ihnen her. Dann galoppierten Fanny, Lucy und Barny auf der Wiese davon.

Kommt Loko auf den Kaminski-Hof?

15

Nachdem Vater und Simon den Abwasch erledigt hatten, versammelte sich die gesamte Familie um den Küchentisch. «Familienrat» war angesagt: So nannten die Kaminskis eine Gesprächsrunde, die sie immer dann abhielten, wenn etwas Besonderes anstand.

«Wir haben zwei Dinge zu besprechen», eröffnete Mutter ernster als sonst.

Draußen war es bereits dunkel geworden. Die Hängelampe tauchte die Küche in warmes Licht, was den Raum anheimelnd und gemütlich machte.

«Ich hab noch 'ne Frage, bevor wir anfangen», warf Debora ein.

Vater nickte ihr auffordernd zu. «Schieß los, Debora.»

«Also, der Bauer Heinemann ...», begann sie bewegt. «Er will Suila und mich nicht mehr kostenlos ausreiten lassen. Zweihundert Mark im Monat müsste jede von uns bezahlen.»

«Ausgeschlossen!» Vater schaute sie bedauernd

an. «Einen solchen Betrag könnten wir nie für das Hobby eines Kindes ausgeben.»

Gerührt nahm Mutter Deboras Hand. «Ich weiß, wie viel dir dieses Pferd bedeutet. Aber das ist wirklich unmöglich, Liebes.»

Debora zog ihre Hand weg. «Es ist nicht nur das Pferd, auch meine Freundschaft mit Suila wird in die Brüche gehen, ich weiß es genau! Wir haben uns fast nur bei den Stuten getroffen – Fanny und Lucy sind alles, was wir gemeinsam haben.»

«Dann machen wir's so», schlug Vater vor. «Du lädst Suila ganz häufig zu uns ein! Sie kann jederzeit kommen, wann immer du willst.» Er wechselte einen Blick mit Mutter. «Dazu wird sich in nächster Zeit sowieso speziell Gelegenheit bieten.»

Raffi musterte ihn neugierig. «Warum denn?»

«Das ist der erste Punkt unseres heutigen Familienrates», antwortete Vater. «Durch das Arbeitsprogramm ist uns ein Junge zugeteilt worden, der bei uns auf dem Blumenhof mitarbeiten und auch hier mit uns essen wird. Ein gewisser Mehmet Gülgün.»

Simon setzte sich kerzengerade auf. «Das ist ja Loko!»

Bestürzt starrten die Kinder einander an.

«Der? Zu uns? Auf keinen Fall!», riefen alle drei gleichzeitig.

Mutter fragte überrascht: «Weshalb denn das? Was stimmt mit diesem Mehmet nicht?»

«Alles!», brauste Raffi auf. «Der darf einfach nicht zu uns kommen. Sonst lauf ich von zu Hause weg!»

«Na, na, na», mischte sich Opa ein, der bis jetzt aufmerksam zugehört hatte. «Ganz so schlimm wird's wohl nicht sein ...»

«Doch!», doppelte Simon nach.

«Sogar noch schlimmer!», fügte Debora hinzu.

Vater blickte allmählich überhaupt nicht mehr durch. «Aber warum denn eigentlich?»

Die Kids betrachteten Raffi abwartend.

Verlegen rieb die Kleine über einen Fleck auf dem Tisch. Es sah nicht so aus, als wollte sie in den nächsten Stunden wieder damit aufhören.

Sanft stupfte Debora sie mit dem Ellbogen an. «Komm schon, Raffi. Einmal muss es ja doch heraus.»

Raffi ließ den Fleck in Ruhe und rieb sich stattdessen mit beiden Händen über die Hosenbeine. «Also ... Das war so ... Dieser Junge hat mir ganz viel Angst gemacht.» Sie kriegte feuchte Augen. «Er hat gesagt, er würde mich verprügeln, wenn ich ihm nicht was Bestimmtes besorgen würde.»

«Ja gibt's denn so was?», rief Vater entrüstet.

«Komm her!» Mutter breitete die Arme aus und nahm Raffi auf den Schoß.

«Was solltest du ihm denn besorgen, Raffaela?», erkundigte sich Opa.

«Etwas ... zu trinken ... bei Tante Emma. Aber ich hab's nicht gestohlen!»

«Ach, jetzt wird mir einiges klar!», dämmerte es Vater.

Mutter strich der Kleinen tröstend übers Haar. «Damit klärt sich natürlich auch gleich der zweite Punkt dieses Familienrates. Eine Flasche Whisky musstest du dem Jungen bringen, richtig?»

Raffi glotzte sie entgeistert an. «Woher weißt du denn das?»

«Frau Fürling hat's mir gesagt, als ich heute bei ihr einkaufte.»

«Aber warum hast du uns nichts von der Geschichte erzählt, Raffaela?», fragte Vater. «Du weißt doch, dass du mit allem zu uns kommen kannst.»

Debora verteidigte ihre Schwester: «Loko hat ihr eben gedroht, er würde sie fertig machen, wenn sie jemand was sagt!»

«Ihr und die Lehrerin, ihr hättet mich gar nicht beschützen können», schniefte Raffi. «Wenn er mir irgendwo aufgelauert hätte ...»

«Das stimmt nun aber nicht», wandte Mutter sanft ein. «Solche Jungs lassen Kinder in Ruhe, die bei jemandem Hilfe holen. Die wissen genau, wen sie einschüchtern können – und bei wem das nicht geht, weil sie dann selber drankommen würden.»

«Andererseits», sagte Vater, «machen die bei Kindern, die sich nicht wehren, ständig weiter. Es hält sie ja keiner auf. Sich jemandem anvertrauen und Hilfe holen lohnt sich immer. Gewalt muss sich niemand gefallen lassen!»

Opa nickte beipflichtend.

Mutter drückte Raffi an sich. «Ich find's jedenfalls super, dass du uns jetzt alles gesagt hast, Raffaela!»

Simon gab der Kleinen ein Papiertaschentuch, und sie schneuzte sich laut trompetend.

«Also checkt ihr nun auch, dass Loko unmöglich zu uns kommen kann!», nahm Debora das Thema wieder auf.

«Jetzt begreif ich natürlich, weshalb ihr so eine Wolle auf den habt», sagte Vater. «Ich find das völlig daneben, was der getan hat.»

«Das ist noch gar nicht alles!», rief Simon. «Er ist ein Dieb und Einbrecher ...»

«Ich bin trotzdem dafür, dass wir diesem Jungen eine Chance geben», fand Mutter. «Das Leben ist für ihn bestimmt schon hart genug.»

Raffi verzog den Mund. «Selber schuld!»

«Nein, daran ist er nicht selber schuld. Er kann doch nichts dafür, dass es da, wo seine Eltern herkommen, zu wenig Arbeit gibt. Du kannst mir glauben, die würden viel lieber bei sich daheim bleiben, wenn sie da genug zum Leben hätten. Das ginge euch doch genauso, oder? Ihr würdet auch nicht an einem fremden Ort wohnen wollen, wo die Leute eine andere Sprache sprechen, euch oft scheel angucken, manchmal benachteiligen und vielleicht sogar hänseln. Oder nicht?»

«Ja, schon, aber ...»

Opa räusperte sich. «Ich versteh euch. Er war wirklich böse zu dir, Raffaela, das hätte er niemals tun dürfen. Aber in der Bibel steht nicht, wir sollen nur die Leute mögen, die gut zu uns sind. Sondern auch die, die bös zu uns sind. Ich weiß, das ist schwierig. Aber versuchen sollten wir's trotzdem, immer wieder von Neuem. Denn dann könnten aus Feinden sogar Freunde werden. Na, was meint ihr?»

«Den werd ich nie mögen», brummte Simon.

«Ich auch nicht», bekräftigte Raffi. «Keine Chance.»

Vater stand auf. «Ihr müsst euch mal vorstellen, für den Jungen ist es auch nicht gerade angenehm, zu uns zu kommen! Wir lassen hin und wieder solche Jungs bei uns arbeiten, damit sie eine neue Chance kriegen – das tun wir ja nicht einfach so, sondern weil wir überzeugt sind, dass solche Angebote wichtig sind. Denn jeder macht Fehler, ich auch, wie ihr wisst!» Er schaute die Kinder offen an. «Darum braucht es die Möglichkeit zum Neuanfang. Gott vergibt auch jedem Menschen, der ihn darum bittet, und räumt ihm eine neue Startchance ein, egal, welchen Mist man gebaut hat.»

«Das geht bei anderen Jungs vielleicht», murmelte Raffi. «Aber bei Loko nicht.»

«Wollen wir einen Versuch wagen?», fragte Mutter. «Sollte es dann tatsächlich nicht klappen, haben wir's wenigstens versucht. In Ordnung?»

«Aber wenn er mich plagt, muss er gleich wieder gehen!», beharrte Raffi.

«Selbstverständlich», versprach Vater. «Wir setzen ihm hier auch Regeln, an die er sich halten muss. Der wird dir nichts tun!»

Debora und Simon schmollten unschlüssig. «Wenn wir's wollen, verschwindet er sofort. Das gilt.»

Ein Anschlag auf Zwockel

16

Der Lastwagen fuhr donnernd vom Hinterhof und ließ eine schwarze, stinkende Dieselwolke in der Luft zurück. Vater erklärte den drei Kids die Arbeit für diesen kühlen Samstagmorgen. «Raffaela und Debora, ihr setzt bitte eine Reihe Schneeglöckchen in die langen Beete. Die Blumenzwiebeln findet ihr im Treibhaus. Ich komme nachher und zeige euch, wie's geht.»

Er deutete auf die Holzpaletten mit Pflanzenerde, die vorhin aus dem Lkw abgeladen worden waren. «Du, Simon, trägst bitte den Humus da ins Lager. Aber nur die kleinen 20-Liter-Säcke. Die 50er sind viel zu schwer, die werde ich später selber rüberschaffen.»

Auf der Jagd nach einer Wespe kam Zwockel um die Ecke gerannt. Debora zückte aus ihrer Hosentasche eines der Hundeplätzchen, die sie zu seiner Belohnung gekauft hatte, und hielt es in die Höhe. «Zwockel! Lecki-schlecki! Mach schön Männchen!»

Der Collie vergaß die Wespe, erhob sich schwanzwedelnd auf die Hinterbeine und versuchte das Knusperchen zu erwischen. Debora zog es ein paar Mal knapp vor seiner Schnauze weg, bis er schließlich danach schnappen konnte und es genüsslich zu zerknacken begann.

Lächelnd schaute Vater zu. «Also, alles klar?»

Die Kids nickten lustlos.

«Die große Begeisterung scheint ja nicht gerade auszubrechen!»

«Die anderen Kinder müssen auch nicht so viel arbeiten wie wir», maulte Simon.

«Ein bisschen mithelfen schadet nicht – wir sind eben ein Familienbetrieb!», rief Vater, während er über die Steinplatten zum Haus ging. «Dafür habt ihr hinterher den ganzen Nachmittag frei!» Pfeifend verschwand er durch den rückwärtigen Eingang im seitlich angebauten Blumenladen.

«Ein bisschen mithelfen ist gut!», motzte Debora. «Und wenn ich noch dran denke, wer heute zu uns kommt ...» Angewidert verzog sie das Gesicht.

Kaum hatte sie dies ausgesprochen, bellte Zwockel los und jagte zur Hausecke. Dort blieb er knurrend stehen.

Als die Kinder zu ihm liefen, entdeckten sie den Grund für seine Aufregung: Einen Meter vom Hund entfernt stand Loko und glotzte ihn bleich an. «Was ... was hat der denn?»

«Nichts. Er hat bloß dich gesehen», antwortete Simon unfreundlich. Er wandte sich um und kehrte mit den Mädchen auf den Hinterhof zurück.

Drohend fletschte der Collie die Zähne. Loko machte einen Satz rückwärts. «Ich hab vorne an der Tür geklingelt – eure Mutter hat gesagt, ihr zeigt mir, was ich arbeiten soll.»

Gleichgültig schlenderten die Kaminskis weiter. Erst als sie ein ganzes Stück weg waren, sagte Simon beiläufig: «Zwockel, komm.»

Widerstrebend ließ der Hund von Loko ab.

Der Junge wagte sich vorsichtig auf den Platz vor den Treibhäusern. Dort sah er, wie die Kids miteinander tuschelten, aber er konnte unmöglich hören, worum es ging. Wegen Zwockel traute er sich nicht näher heran.

Simon trat ein paar Schritte auf Loko zu und wies auf die Holzpaletten mit der Pflanzenerde. «Wir müssen den Humus einlagern. Der Stärkere von uns beiden nimmt die großen Teile.» Herausfordernd schaute er ihn an. «Na?»

Loko verzog den Mund ein klein wenig zu seinem coolen Lächeln. Er schlurfte zu den Paletten und wuchtete sich einen der massigen 50-Liter-Säcke auf den Rücken. «Und wohin mit dem Zeug?», fragte er ächzend.

Verstohlen begannen Raffi und Debora zu kichern, während Simon zum Lagerraum zeigte.

Die Mädchen holten aus dem Gewächshaus die Schneeglöckchenzwiebeln und machten sich damit auf den Weg zum offenen Feld hinter den Treibhäusern.

«Hoffentlich kriegt der einen anständigen Muskelkater», murmelte Debora.

«Genau – einen, den er nicht so schnell vergisst.» Raffi grinste schadenfroh. «Einen Mega-Turbo-Muskelkater!»

Als Loko mit einem der letzten schweren Säcke unterwegs zum Warenlager war, stellte Zwockel sich ihm erneut knurrend in den Weg. Der Collie hatte sich noch nicht daran gewöhnt, den Jungen unbehelligt ein und aus gehen zu lassen.

Loko setzte die Last auf den Boden und wischte sich den Schweiß von der Stirn. Obwohl es immer noch empfindlich kühl war, schwitzte er wie ein Pferd.

Ohne den Hund aus den Augen zu lassen, schaute er sich um. Er bemerkte nicht, dass Simon ihn durch die Scheiben des Treibhauses beobachtete.

«Verdammter Köter!», fluchte Loko. Stöhnend stemmte er den Sack wieder hoch und wich dem Collie in weitem Bogen aus. Der Hausmauer entlang drückte er sich zur Hintertür der Blumenhandlung, um von da drinnen zum Lagerraum zu gelangen.

Im Laden arbeitete Vater in seinem Büro, das hinter Scheiben abgetrennt war, am Computer und blickte auf. Als er Loko die schwere Last vorüberschleppen sah, runzelte er die Stirn. Rasch erhob er sich, öffnete die Glastür und eilte zu dem Jungen.

«Hallo, Mehmet, schön, dass du da bist!», rief er. «Aber du brauchst doch nicht die großen Einheiten zu tragen!»

Loko wuchtete den Humus im Speicher auf den Stapel und richtete sich schnaufend auf.

Vater fragte: «Wer hat dir denn gesagt, du müsstest die 50er nehmen, Mehmet?»

In diesem Moment kam Simon mit einem 20-Liter-Sack herein. Betroffen blickte er von Vater zu Loko.

Der schöpfte verbissen Atem. «Ich mag's nicht, wenn man mich Mehmet nennt», brummte er abweisend.

«Ich heiße Loko.» Er presste beide Hände in die Hüfte und drückte seinen Rücken durch.

«Ach so», schmunzelte Vater. «Stark wie eine Lokomotive, was? Trotzdem sind die großen Dinger zu schwer für einen allein – damit machst du dir doch den Rücken kaputt!»

Loko linste zu Simon hinüber, schaute aber gleich wieder weg. Mit zu Boden gesenktem Blick fragte er: «Kann ich jetzt endlich weitermachen?»

Freundschaftlich klopfte Vater ihm auf die Schulter. «Aber die 50er lässt du sein, okay? Sonst geht der Lokomotive noch die Luft aus!»

Loko fand den Scherz nicht besonders lustig.

Simon schlenderte zum Ausgang und überlegte, weshalb Loko ihn nicht verraten hatte. Womöglich wollte der ihn später erpressen. Doch da würde er bei ihm an den Falschen geraten – er gäbe einfach alles zu, und mit einer Schelte von Vater wäre die Sache erledigt.

Unternehmungslustig trabte Zwockel mit seinem zerkauten Ball im Maul in den Lagerraum.

Vater wies auf den Collie. «Simon, nimm ihm bitte den Ball weg, er könnte sich sonst an einem Fetzen verschlucken und am Ende noch dran ersticken!» Auf dem Weg zurück ins Büro rief er den Jungs über die Schulter zu: «Und dann ab zum Händewaschen, ihr beiden! Es gibt gleich Essen!»

«Zwockel, rück raus!» Simon beugte sich zum Hund hinunter. Spielerisch nahm er ihm nach zwei, drei Anläufen das Ballknäuel ab und trottete damit an Loko vorbei, der ihn schweigend aus den Augenwinkeln verfolgte.

Draußen lief Simon ums Gebäude herum. Im Vorhof gab es neben den Kundenparkplätzen einen Mülleimer.

Da warf der Älteste der Kaminski-Kids das nasse Kuddelmuddel hinein.

Er sprang die Treppe hoch und verschwand im Flur.

Loko spähte vorsichtig um die Hausecke.

Als er sah, dass der Collie einer Katze nachhetzte und sie in den Hinterhof verfolgte, rannte der Junge zum Mülleimer und holte das mantschige Knäuel wieder heraus. Vor Zwockels leer stehender Hütte kauerte er nieder. Drin lag eine alte Wolldecke zusammengeknüllt am Boden.

Hastig versteckte Loko den zerfetzten Ball unter der streng nach Hund miefenden Decke. Das wäre genau die richtige Rache, dachte er grinsend. Den Köter konnte er sowieso nicht leiden – wenn der draufginge und die Sache dann noch an Simon hängen bliebe, umso besser ...

Mutters Geldbeutel ist weg

17

Loko wollte ins Badezimmer, doch dort drängten sich bereits die drei Kaminski-Kids vor dem Waschbecken.

«Du kannst die Hände hier waschen!», rief Mutter aus der Küche.

Zögernd trat Loko zu ihr.

«Da.» Sie deutete auf die Spüle und drehte sich wieder ihrer Arbeit zu. Mit dem Rücken gegen ihn hackte sie Zwiebeln. «Magst du Kartoffelsalat?»

«Manchmal ja, manchmal nein. Kommt auf die Soße drauf an.» Loko trocknete sich am Handtuch ab.

Nun kamen auch Opa, Vater und die Kinder herein, und alle setzten sich hin.

Sie gaben sich die Hände, so dass die ganze Familie einen Kreis schloss. Bei Loko blieb allerdings eine Lücke offen. Er hatte den Platz zwischen Simon und Debora und weigerte sich stumm, ihnen die Hand zu drücken – was den beiden auch mehr als recht war.

Beim Tischlied sangen diesmal außer Loko alle mit.

«Für Speis und Trank, fürs täglich Brot, wir danken dir, o Gott!»

«Guten Appetit!», wünschte Mutter und begann, Opas Wurst in mundgerechte Stücke zu zerschneiden.

Heißhungrig machten sich die Kids über ihr Essen her. Die ganze Familie mochte Schweinswürstchen. Loko hatte als einziger eine Geflügelbratwurst erhalten, weil Mutter aus Rücksicht auf seine Religion kein Schweinefleisch für ihn gekauft hatte.

«Möchtest du Senf, Loko?», fragte Vater.

Wortlos schüttelte der Junge den Kopf.

Mutter schob Opa seinen Teller zu. «Heute ist ein Brief von Silvia gekommen», erzählte sie. Silvia, das Hausmädchen des Kaminski-Hofs, war zur Zeit auf einem Ausbildungslehrgang in der Stadt und wohnte bis zum Abschluss dort.

«Ach ja? Und, wie geht's ihr?», mampfte Debora.

«Gut. Sie hat nette Leute kennen gelernt, schreibt sie. Und sie kommt im Kurs super voran.»

«Dann wird sie wohl bald keine Horror-Menüs mehr für uns kochen», stichelte Simon.

«Ich schreibe ihr zurück!» Raffi war schon ganz tatendurstig – Briefe schreiben gehörte zu ihren liebsten Hobbys. «Hat sie ihre Adresse drauf geschrieben?»

«Ich glaub nicht. Aber ich hab sie auf einem Zettel in der Geldbörse.»

«Gebongt!» Die Kleine sprang hoch und rannte zur Spüle hinüber. Vater blickte sie missbilligend an. «Hat das nicht Zeit bis später? Wir sind jetzt am Essen.»

«Bin ja gleich wieder am Tisch.» Übermütig schob Raffi die Früchteschale zur Seite. Dann stutzte sie. «Wo ist die Börse denn?»

Mutter schluckte einen Bissen hinunter. «Na, da wo sie immer ist. Direkt neben der Spüle.»

«Ich seh sie aber nicht!»

«Du musst halt richtig gucken.» Nun stand Vater selber auf.

«Zu Tisch, Papi!», alberte Debora. «Wir sind am Essen!»

Vaters Blick suchte die ganze Chromstahlfläche links und rechts des Ausgusses ab. «Die ist tatsächlich nicht da.»

«Sie muss aber da sein!» Mutter schaute besorgt auf. «Ich leg sie doch immer dort hin.»

«Hat jemand von euch was dazu zu sagen?» Vater sah Loko peinlich berührt an. Er konnte es nicht ändern, aber sein Verdacht fiel unwillkürlich auf den Jungen.

Auch die drei Kids schielten zu Loko.

Der starrte verschlossen vor sich auf den Tisch hinunter.

«Ich will dir nichts unterstellen, Loko», sagte Vater. «Aber ich glaube, es ist besser, wenn ich ausspreche, was ich denke, anstatt dich im Stillen zu verdächtigen. So hast du wenigstens die Chance, dich zu verteidigen.»

Loko reagierte auf die lange Rede, indem er weiter wortlos vor sich hin stierte. Die Hälfte seiner Bratwurst blieb unberührt auf dem Teller liegen.

«Schießt du dich nicht ein bisschen schnell auf den Jungen ein?», gab Mutter zu bedenken.

«Er braucht ja bloß zu sagen, dass er's nicht war», entgegnete Vater.

Doch Loko blieb stumm wie ein Goldfisch. Er hatte Messer und Gabel hingelegt und wischte sich nun mit dem Handrücken über den Mund, ohne irgendwen anzuschauen.

Drückende Stille verbreitete sich im Raum.

«Das hat jetzt nichts mit Vorurteilen zu tun», betonte Vater. «Ich halte mich bloß an die Tatsachen. Es ist noch nie passiert, dass bei uns ein Portemonnaie wegkam. Und kaum bist du den ersten Tag hier, fehlt schon eins. Es tut mir Leid, aber das ist ein wirklich seltsamer Zufall ...!»

Nun schaltete sich Opa ein. «Manchmal sehen die Dinge halt anders aus, als sie in Wahrheit sind. Ich glaube erst, dass es der Junge war, wenn es bewiesen ist. So lange ist er für mich unschuldig.»

«Na ja, sicher ...» meinte Mutter unentschlossen.

Opa räusperte sich. «Wenn der junge Mann nicht hier wäre, hätten wir zuerst andere Möglichkeiten abgeklärt, wo der Geldbeutel stecken könnte. Stimmt's?»

«Welche denn?», fragte Vater.

«Na, zum Beispiel: Wer ist zuletzt einkaufen gegangen?»

«Ich», antwortete Mutter. «Bei Frau Fürling. Da hab ich das mit dem Whisky erfahren ...» Sie merkte, dass diese Geschichte ja auch mit Loko zusammenhing und schaute ihn betroffen an.

«Also», nahm Opa unbeirrt den Faden wieder auf. «Ist die Geldbörse vielleicht in dem Mantel, den du getragen hast?»

Mutter erhob sich. Die Kids folgten ihr in den Flur hinaus und beobachteten gespannt, wie sie ihren Mantel durchsuchte.

«Nichts», seufzte sie. «Weder in der Innentasche, wo ich das Portemonnaie normalerweise trage, noch in allen anderen Taschen. Tja ...»

Als alle sich wieder an den Küchentisch setzten, murmelte Loko: «Ich hab das Teil nicht geklaut.»

Vater und Mutter wechselten einen Blick.

Opa sagte: «Also. Und wo ist die Einkaufstasche?»

Simon federte hoch. Die Tasche hing wie gewöhnlich hinter der Küchentür an einem Haken. Er machte sie auf und blickte hinein.

«Leer.»

Das Wort wirkte wie ein Peitschenknall. Loko rutschte unbehaglich auf seinem Stuhl hin und her. Die Stimmung lastete immer bleierner im Raum.

Nur Opa ließ sich davon nicht anstecken. Unverdrossen fragte er: «Nun, was hast du denn Schönes eingekauft?»

Mutter atmete tief aus. «Würstchen, Opa. Wieso, wenn ich fragen darf?»

«Wo tust du die denn hin, normalerweise?»

«In den Magen. Wir haben sie soeben gegessen.»

Opa schmunzelte. «Und bevor wir sie verspeist haben?»

«In den Eisschrank natürlich, wohin denn sonst», gab Mutter leicht gereizt zurück.

«Würde vielleicht mal jemand nachschauen – es könnte ja sein ...»

Bevor Mutter aufbegehren konnte, war Raffi schon beim Kühlschrank und riss die Tür auf. Erwartungsvoll spähte sie hinein. Da waren Butter und Milch. Essiggurken im Glas. Mayonnaise und Senf. Aber kein Geldbeutel.

«Schade.» Die Kleine war enttäuscht – sie hätte sich zu gern als Finderin bejubeln lassen.

Großvater gab noch nicht auf. «War das alles, was du eingekauft hast?»

«Jetzt reicht's aber dann wirklich, Opa», stöhnte Mutter. «Nein, ich hab auch noch Eiskrem mitgebracht, wenn's dir recht ist.»

«Eiskrem.» Opa nickte. «Im Tiefkühlfach, nehme ich an.»

«Richtig», bestätigte Mutter, «hundert Punkte für dich.»

Raffi öffnete das Fach. «Ja Pingu! Opa, du hast sogar zweihundert Punkte! Da ist das Portemonnaie!»

«Ha, ha!», machte Mutter ungläubig. Sie stand auf und schaute zweifelnd ins Fach. Neben der Eiskrempackung lag der Geldbeutel. Er war bereits mit einer hauchdünnen Schicht von Eiskristallen überzogen. «Das gibt's doch nicht!», stieß Mutter hervor. «Bin ich jetzt schon so alt? Die Sache mit Raffis Whisky muss mich aber mächtig verwirrt haben!»

Ein Gelächter brach los, das den Raum fast erbeben ließ. Selbst Loko konnte ein Lächeln nicht verkneifen. Und Opa strahlte übers ganze Gesicht.

«So!», eröffnete Vater, als es in der Küche wieder ein bisschen ruhiger wurde. «Zur Feier des Tages und weil die Kinder heute Morgen so gut gearbeitet haben, gibt's jetzt Eis mit Schlagsahne zum Nachtisch!»

«Au ja!», rief Raffi. «Klasse, Mann!» Sie nahm die Eispackung und die Geldbörse aus dem Fach und legte beides auf die Anrichte.

Während Debora das Erdbeer-Vanille-Eis in Scheiben schnitt und Mutter mit dem Stabmixer die Sahne schlug, half Simon der Kleinen, die Dessertschalen aus dem hohen Schrankregal zu holen.

Vater ging zu Loko hinüber und beugte sich zu ihm hinunter. «Ich, ähm ...» begann er mit gedämpfter Stimme. «Tut mir echt Leid, dass ich dich zu Unrecht verdächtigt habe, Loko.» Es war ihm sichtlich peinlich. Aber er rang sich durch und setzte hinzu: «Kannst du mir verzeihen?»

Nun war Loko in Verlegenheit. Er schaute ihn aus großen Augen unsicher an. Verzeihen? Er war in seinem ganzen Leben noch nie um so was gebeten worden.

«Ich – j...ja», stammelte er betreten.

«Okay.» Vater streckte ihm versöhnlich die Hand hin.

Loko zögerte. Dann schüttelte er die Hand und grinste erleichtert.

«Kommst du bitte mal her, Loko?», fragte Mutter und wies mit dem Kopf auf einen Teller. «Würdest du die übrig gebliebene Wurst dem Hund rausbringen?» Sie dachte, damit mache sie Loko eine Freude.

Doch der druckste herum. «Ich?»

Simon erfasste, dass er offenbar vor Zwockel immer noch Angst hatte. «Ich komme rasch mit!»

Unentschlossen betrachtete Loko das Würstchen.

Schließlich griff er es sich und schlenderte damit in den Flur hinaus.

Die beiden Jungs sprangen die Treppe runter.

«Zwockel!», rief Simon.

Der Collie flitzte um die Ecke vom Hinterhof. Als er Loko roch, war er in einem Satz da und knurrte ihn an.

Simon kauerte sich zu ihm runter. «Hör mal, Zwockel. Das hier ist Loko». Er zeigte auf den Jungen. «Loko ist gut, nicht böse. Klar?»

Ein bewegter Ausdruck trat in Lokos Augen. Verkrampft ließ er Zwockel an seinem Hosenbein schnuppern.

Der Hund stieg an ihm hoch, begann mit dem Schwanz zu wedeln und schnüffelte leise winselnd an der Wurst. Schnell ließ Loko sie zu Boden fallen. «Hier, für dich!»

Zwockel stürzte sich hungrig auf den Leckerbissen. Einen Zipfel biss er ab und verdrückte ihn, an dem anderen Teil knabberte er auf dem Kopfsteinpflaster herum.

«Komm!» Simon gab dem Jungen einen kameradschaftlichen Klaps auf den Rücken. «Der Nachtisch wartet!»

Loko schluckte. «Geh du schon mal vor.» Er wies auf den Collie. «Ich schau ihm noch zu, bis er die Wurst geschafft hat.»

«In Ordnung.» Pfeifend verschwand Simon im Haus.

Sobald er weg war, kniete Loko sich vor die Hundehütte und tastete unter die miefende Wolldecke. Aufatmend fand er das zerfledderte Ballknäuel. Er rannte damit zum Mülleimer und warf es hinein.

Als er die Stufen zum Haupteingang hoch stieg, hatte er ein seltsames Gefühl in sich. Ein Gefühl, das ihm völlig neu vorkam.

Machen alle mit?

18

Der Regen tropfte von den Ästen im Wald, als Loko über den Geheimpfad stapfte. Er hatte nun bereits mehrere Tage auf dem Kaminski-Hof gearbeitet und war in dieser Zeit besonders Simon näher gekommen, was er zu Beginn für völlig unmöglich gehalten hätte.

Vom felsigen Vorsprung hinter dem Holzstapel kletterte er zur Hütte in der Senke hinab. Vorsichtig setzte er einen Fuß vor den anderen, um auf dem nassen Gestein nicht auszurutschen. Unten sprang er über den Bach und sank mit seinen Turnschuhen im morastigen Erdboden ein. Aus der Holzbude hörte er Stimmen. Die anderen Jungs waren schon da.

«Hier kommt Loko Blümchen ja endlich!», höhnte Manfred. «Du hast dich wohl von deinen Stiefmütterchen nicht losreißen können.»

«Ha, ha.» Loko wischte leere Zigarettenschachteln und Getränkedosen zur Seite und setzte sich hin.

«Easy, Alter», sagte Ergün. «Ich hab's auch nicht

grade gut getroffen. Stundenlang in der Spenglerei schuften – das ist ganz schön hart.»

«Scheiß Arbeitsprogramm!», doppelte Holger nach. «Ich muss im Gasthaus Adler Küchenbursche spielen, weil dem Wirt der Tamile weggeholt wurde.»

«Alles Schokoladenjobs», behauptete Manfred. «Oder würde jemand mit mir tauschen? Ich kann den ganzen Mist aufräumen, den irgendwelche Knalltüten auf den Rasenflächen und in den Parkanlagen wegschmeißen. Ihr glaubt ja gar nicht, was die Leute für Schweine sind!» Er zog die Zellophanhülle von einem Zigarettenpäckchen ab, knüllte sie zusammen und warf sie auf den Waldboden hinaus.

Holger öffnete eine Flasche mit weißem Rum. Sorgfältig goss er ein wenig in seine Cola-Dose und nahm einen Schluck daraus. «Dass es überhaupt so weit kommen konnte ...» Er schüttelte den Kopf.

«Diese miesen Pauker haben uns angeschmiert», regte Manfred sich auf. «Uns so eine Falle zu stellen, das ist doch bestimmt verboten!»

«Warum bist du an dem Abend überhaupt zu uns in den Keller runtergekommen, Manne?», wollte Loko wissen.

Manfred überlegte kurz. «Weil ich zu euch halten wollte, ist doch logo.»

«Aber da war doch noch ein Hund», warf Ergün ein. «Ich hab ihn wie verrückt bellen gehört.»

«Ach der», sagte Manfred cool. «Der war plötzlich da. Ich hab dem verdammten Köter einen Tritt in die Magengrube versetzt. Ihr hättet sehen sollen, wie der sich zusammengekrümmt davongetrollt hat. Und dann bin ich zu euch runter. Ich hab gespürt, dass da irgendwas nicht stimmt und dass ihr mich braucht.»

Holger leerte seine Dose und rülpste. «Jedenfalls können wir's jetzt vergessen, in der Schule irgendwen oder irgendwas anzurühren. Die Sache ist gelaufen.»

«In der Schule schon.» Manfred steckte sich eine Zigarette an. «Aber das heißt noch lange nicht, dass wir von allem die Finger lassen müssen.»

«Du meinst ...» Loko musterte ihn. «Ist das nicht zu heiß? Mein Vater schlägt mich weich, wenn noch mal was passiert.»

«Meiner nicht», entgegnete Holger. «Der sagt sowieso nie was. Meistens ist er eh auf Geschäftsreise. Und wenn er mal da ist, hat er keine Zeit. Dafür schenkt er mir dann 'nen neuen Computer oder so was und nölt rum, ich müsste dringend bessere Zensuren schaffen. Auch meine Mutter vergeht fast vor Angst um meine Zukunft. Sie sagt, ich hätte bloß schlechten Umgang – ihr wärt an allem schuld, und ohne euch hätte ich das nie getan.»

«Mir kommen gleich die Tränen», spottete Ergün.

Manfred blies Rauch aus. «Und – habt ihr nun die Hosen voll? Ja?»

Die anderen betrachteten einander abschätzend. «Sehen wir etwa so aus?»

«Na also. Wir machen einen Bogen um die Schule, der Rest ist kein Problem.»

Manfred rutschte ein Stück zur Seite und lehnte den Rücken entspannt gegen die Hüttenwand. «Wie steht's mit euren Arbeitsbetrieben? Gäb es da vielleicht ein hübsches Schnäppchen?»

«Wieso denn in unseren Betrieben?», fragte Loko wachsam.

«Na, bei mir auf den Wiesen und im Mülleimer der Parks werden wir wohl kaum was Cooles finden, oder?» Manfred drückte seine Kippe in die Erde und fasste Loko ins Auge. «Wie ist es zum Beispiel bei dir auf dem schnuckligen Blumenhof? Wär da was Bares zu holen?»

«An das Geld kommen wir nicht ran», antwortete Loko. «Tagsüber ist es unter Verschluss in der Ladenkasse, und der Kaminski bringt es jeden Abend in einer Kassette zur Bank. Keine Chance.»

«Da muss schön was zusammen kommen, so einen ganzen Tag lang ...»

Loko funkelte ihn an. «Sag mal, spinnst du?»

«Sag mal spinnst du, sag mal spinnst du?», äffte Manfred ihn nach und fragte dann ungerührt: «Wieso denn?»

«Wenn wir erwischt werden – diesmal kriegt uns die Polizei dran, und wir fliegen alle von der Schule!»

«Na, wenn schon.» Manfred lächelte überlegen. «Ich bin schon mal von der Schule geflogen. Halb so schlimm.»

Die anderen sahen ihn gebannt an. «Tatsache?»

«Klar. In der Stadt, wo wir früher wohnten. Deshalb sind wir überhaupt hierher gezogen.»

«Und warum haben sie dich da rausgeworfen?»

«Ach, Kinkerlitzchen», versetzte er. «Zuerst nur Kleinigkeiten. Winzige Klauereien und so. Dann hab ich eine

Bande gegründet – viel größer als die hier. Dort galten dieselben Regeln wie jetzt bei uns: Wer ein Bandengeheimnis verrät oder die Gruppe von sich aus verlässt, der kann sich schon mal ein Zimmer im Krankenhaus besorgen.» Er grinste stolz. «Zuletzt hatte ich das ganze Schulhaus unter Kontrolle. Ich konnte mit meinen Leuten praktisch jeden ausnehmen, alle haben sie nach meiner Pfeife getanzt. Das waren Zeiten!»

Beeindruckt hingen die Jungen an seinen Lippen. «Und dann?»

«Dann? Es gab ein paar Verweise. Die Pauker behaupteten immer, das nächste Mal würde es ernst werden. Dauernd fragten die mich, warum ich denn so rebellisch wäre. Ich sagte ihnen, wie's ist. Ich hab doch eh keine Chance auf einen Job. Keine Chance, all das zu kriegen, was ich will. Dann hol ich's mir halt auf *meine* Art.» Er schnippte mit den Fingern. «Ja, und dann haben mich die Bullen drangekriegt. Danach musste ich hierher wechseln. An eine andere Schule – das würde auch diesmal passieren. Was sollten sie denn sonst tun? Ich hab meine Pflichtschuljahre ja noch nicht, ihnen bleibt gar nichts anderes übrig. Höchstens ins Erziehungsheim könnten sie mich stecken. Aber das wär mir egal.»

«Das wär dir egal?» Loko hob die Augenbrauen. «Erzähl doch keinen Mist.»

«Mieser als zu Hause wär's da bestimmt nicht.» Manfred trank einen Schluck aus der Rumflasche. «Du weißt ja gar nicht, wie's bei mir daheim aussieht.»

«Wie denn?»

«Ach, lassen wir das.» Er schaute durch den Hütteneingang in den Wald hinaus. «Hört der verdammte Regen auch wieder mal auf?»

«Was ist denn so schlimm bei dir daheim?», hakte Holger nach.

Manfred nahm sich eine neue Zigarette und hielt den Jungs die Packung hin. Alle zogen sich einen Glimmstengel heraus, und Manfred gab ihnen Feuer.

«Mein Alter klebt an der Flasche und hängt den ganzen Tag in der Wohnung rum», erklärte er abschätzig. «Manchmal brüllt er rum und haut jeden zusammen, der ihm über den Weg läuft. Da sitzt du am besten ganz still und hältst den Mund, bis der Anfall vorbei ist.» Er blies Rauch aus. «Manchmal ist er auch ganz lustig ... aber das geht schnell vorüber. Man weiß nie, wann der nächste Anfall kommt. Und was man falsch gemacht hat. Wahrscheinlich alles. Ich weiß doch nicht.»

«Und deine Mutter?»

«Die? Ph!» Er tippte schnöde die Asche von seiner Kippe. «Die hält zu ihm. Früher haben wir gedacht, vielleicht kommt er mal vom Alk los. Aber das kannst du vergessen. Heute ist meine Mutter völlig fertig. Hat keine Nerven und keine Kraft mehr für nichts. Sie geht arbeiten, weil er ja nichts nach Hause bringt, und entschuldigt seine Macken bei allen Leuten. Aber ich mach da nicht mit.» Mit einer energischen Bewegung drückte er die Zigarette auf dem Boden aus. «So, genug trautes Familienglück.»

Die anderen schwiegen betreten und rauchten ihre Zigaretten zu Ende.

Beiläufig fragte Manfred: «Wann bringt denn der Kaminski das Geld zur Bank?»

Loko blickte auf seine Armbanduhr. «Etwa in einer halben Stunde. Aber ...»

«Die Frage ist doch die», unterbrach ihn Manfred. «Wollt ihr keine neuen Videospiele mehr, keine edlen

CAR
MAN
WHI

Designerklamotten, keine geilen Getränke und so weiter? Dann können wir gleich nach Hause gehen und von jetzt an die braven Bubis markieren.»

Er musterte alle der Reihe nach.

Niemand sagte etwas.

Manfred hob die Whiskyflasche hoch. «Ich hätte neulich im Vorführsaal nach dem Film behaupten können, ich sei nur bei der Sache im Schulhauskeller dabei gewesen. Ich hab mich ja nicht mit alten Geständnissen filmen lassen wie ihr. Aber ich denke, wir halten zusammen.» Auffordernd betrachtete er die Jungs. «Na?»

Einer nach dem anderen streckte den Arm aus und fasste die Flasche an, bis alle Hände um das Glas lagen.

Miteinander riefen sie gleichzeitig: «Wir halten zusammen!»

«Na also.» Manfred lächelte zufrieden. «Ich wusste doch, dass man sich auf euch verlassen kann.» Er stand auf und klopfte jedem anerkennend auf die Schulter. «Und nun ab! Damit wir alles Nötige für den Überfall beisammen haben!»

Schrecken in der Nacht

19

Simon blickte aus dem Küchenfenster in den prasselnden Regen hinaus. Eigentlich wollte er mit Zwockel spazieren gehen, aber bei dem Wetter verging ihm die Lust dazu. Ein Blitz zuckte über die dämmrige Landschaft, ganz in der Nähe krachte der Donner.

«Oh-oh.» Raffi saß am Tisch und zeichnete. Sie malte ein Bild von ihrer geliebten Puppe. Mit schwarzem Stift zog sie die Haare nach, das Röckchen malte sie gelb mit roten Blumen drauf.

Simon beugte sich über die aufgeschlagene Zeitung, die auf dem Küchentisch lag. Jemand hatte mit orangem Leuchtstift ein Inserat angestrichen. Es war Bauer Heinemanns Anzeige für die Stuten, die er ab Anfang des nächsten Monats zum Reiten anbot.

Gleich darüber stach Simon eine andere Annonce ins Auge. Dort stand:

Werbefirma
sucht

Austräger(innen)

zum Verteilen
von Reklamesendungen
in die Briefkästen

Da schoss ihm eine Idee durch den Kopf. Wäre dieser Job vielleicht was für Debora, um die Monatsgebühr fürs Reiten zu verdienen?

In diesem Augenblick klingelte das Telefon.

Er trat in den Flur, nahm den Hörer vom Wandapparat und meldete sich. «Simon Kaminski.»

«Hier ist Loko!» Die Stimme überschlug sich vor Nervosität. «Du musst deinen Vater warnen!»

Simon war verwirrt. «Wovor denn?»

«Er darf das Geld nicht zur Bank bringen!»

«Aber wieso denn nicht?»

«Glaub mir einfach! Sonst passiert was ganz Übles! Ich mein's ernst!»

«Bleib schnell dran!» Simon ließ den Hörer an der Strippe baumeln und rannte durch die Verbindungstür zum Blumengeschäft hinüber. Dort sah er durchs Fenster Vater in den Wagen steigen und den Motor starten.

Hastig stürzte er zur Ladentür und riss sie auf.

«Was ist denn los?», fragte Mutter entgeistert.

Simon schrie hinter dem Auto her. «Papi! Warte!»

Doch Vater hörte ihn nicht. Er fuhr über den Platz und bog zur Landstraße ein.

Fieberhaft überlegte Simon, ob er ihm nachlaufen sollte. «Das hat keinen Zweck», murmelte er. Während er durchs Geschäft zurückjagte, rief Mutter ihm nach: «Würdest du mir vielleicht erklären ...?»

«Später!»

Schon war er wieder im Hausflur. Keuchend nahm er den Hörer auf. «Er ist schon weg! Aber was wird denn passieren? Sag schon!»

«Ein Überfall!», schrie Loko durch die Leitung. «Die Jungs haben's auf die Geldkassette abgesehen!»

«Was?!»

«Wer ist dran?», fragte Raffi, die auch mitbekommen hatte, dass etwas Beunruhigendes los war.

«Aufgelegt», sagte Simon düster. «Loko hat aufgelegt.»

«Da kommen Debora und Suila!» Raffi zeigte aufgeregt zum Küchenfenster.

Nervös schob Simon die Kleine zur Seite und sah draußen die Mädchen auf ihren Stuten heranreiten. Er überlegte nicht mehr lange. «Los, komm!»

Sie rissen ihre Jacken vom Haken und hetzten ins Unwetter hinaus. Sofort war Zwockel bei ihnen.

Debora und Suila blickten sie fragend an.

«Ein Notfall!», brüllte Simon. Er hob Raffi zu Suila aufs Pferd hoch und sprang dann selber hinter Debora auf Fannys Rücken. «Los! Wir müssen Papi helfen! Schnell!»

Die Mächen gaben den Stuten die Sporen.

Raffi umklammerte Lokos Schwester und hielt sich verzweifelt an ihr fest, um nicht vom Pferd zu fallen. Simon drückte sich an Debora, und Zwockel versuchte mit den Stuten Schritt zu halten.

In wildem Galopp stoben sie vom Hof.

Vater fuhr im strömenden Regen die Straße entlang. Die Scheibenwischer hatte er auf Höchstgeschwindigkeit eingestellt. Sie wedelten hektisch übers Glas und zogen Schlieren hinter sich her.

Die Autolichter reichten in der stiebenden Dunkelheit nicht weit. Der Himmel hatte offenbar sämtliche Schleusen geöffnet. Es goss wie aus Kübeln.

Vater saß übers Lenkrad gebeugt und starrte angestrengt durch die verschmierte Windschutzscheibe. Die Kassette mit dem Ladengeld rutschte auf dem Beifahrersitz bei jedem Rütteln hin und her.

Plötzlich tauchte im Scheinwerferstrahl ein Hindernis auf. Vater ging vom Gas und ließ den Wagen ausrollen.

Auf der Straße lagen zwei Fahrräder ineinander verkeilt. Drei Gestalten in gelben Segeltuchumhängen standen dabei. Ein Unfall, wohl wegen der schlechten Sichtverhältnisse, dachte Vater.

Ein paar Meter von den Leuten entfernt hielt er an. Sofort eilte eine kleine Person zu ihm. Vater kurbelte das Fenster hinunter. Kalte Tropfen schlugen ihm unfreundlich ins Gesicht.

«Kennen Sie sich mit erster Hilfe aus?», fragte die Gestalt mit hoher Stimme in dem lärmenden Geprassel.

Eine Frau? Vater konnte es nicht erkennen. Die Kapuze verdeckte fast das ganze Gesicht.

«Was ist denn los?»

«Kommen Sie schnell! Schnell!», rief die Person nun schon wesentlich hysterischer.

Vater stieg aus. Während er sich durch die peitschenden Schauer kämpfte, zog er hastig den Reißverschluss seiner Jacke hoch.

Nur die Autolichter durchbrachen flackernd die Finsternis.

Aus der Nähe sah er, wie die beiden Gestalten in den gelben Segeltuchumhängen die Fahrräder auseinander zerrten. Sie setzten sich hastig darauf und radelten davon.

«He!», rief er hinter ihnen her. «Ist alles in Ordnung?»

Ein Donnerschlag dröhnte durch die Nacht.

Als Vater sich umwandte, sauste auch die kleine Person auf einem Rad an ihm vorbei. «Tschüss!», rief sie ihm fröhlich zu.

«Tschüss.» Kopfschüttelnd stapfte er zum Wagen zurück. «Seltsame Leute», murmelte er verwundert.

Noch viel verwunderter war er allerdings, als zwei Pferde mit Debora, Simon, Suila und Raffi aus der Schwärze auftauchten.

«Ist das Geld noch da?», schrie Simon von der Stute herunter.

«Was?» Blitzartig schaute Vater ins Auto.

Auf dem Beifahrersitz herrschte gähnende Leere. Die Geldkassette war weg.

Geschockt blickte Vater hoch. «Das war ein Überfall», wurde ihm schlagartig klar. «Ich bin überfallen worden! Sie sind da lang!» Er zeigte die Straße hinauf.

«Hü!», riefen die Mädchen.

Und in Sekundenschnelle waren sie im brausenden Unwetter verschwunden.

Nächtliche Verfolgungsjagd

20

Die Kinder ritten die Straße entlang, was das Zeug hielt. Bei dem Wolkenbruch war außer ihnen niemand unterwegs. Die Fahrbahn wirkte gespenstisch leer.

«So weit können die doch nicht sein!», schimpfte Debora.

Auf einmal flimmerten vor ihnen kleine rote Rücklichter durch die dunkle Regenwand.

«Da! Da ist was!»

Die Mädchen trieben die schnaubenden Pferde noch stärker an.

Meter für Meter holten sie auf.

Sie kamen so nah heran, dass sie mehr erkennen konnten. Die Rücklichter gehörten zu Fahrrädern von drei Gestalten in gelben Segeltuchumhängen.

Der Abstand wurde immer kleiner. Simon brüllte: «Anhalten! He!»

Doch die Radler gaben ihr Letztes und traten hart in die Pedale.

In diesem Moment schoss aus der Dunkelheit ein

Streifenwagen mit Blaulicht auf sie zu. Er leitete eine Vollbremsung ein und schleuderte mit quietschenden Reifen über die nasse Fahrbahn. Quer auf der Straße kam er zum Stehen.

Dadurch war den Segeltuch-Gestalten der Weg abgeschnitten.

Sie warfen ihre Räder hin und stürmten seitlich über die Wiese eines Bauerngrundstücks davon.

«Die haben die Geldkassette geklaut!», schrie Simon dem Beamten zu, der aus dem Auto stieg.

Der bückte sich rasch ins Wageninnere und wies seinen Kollegen am Steuer an: «Fahr außen um das Grundstück herum!» Dann nahm er die Verfolgung auf. Im rauschenden Regen rannte er auf dem matschigen Feld hinter den Flüchtenden her.

Während der Streifenwagen wendete, hörte man Rufe durch den Niederschlag dringen. «Halt! Stehen bleiben! Polizei!»

Von hinten fuhr nun noch ein weiteres Auto heran. Es war Vater. Auf dem Beifahrersitz saß Zwockel. Vater kurbelte das Fenster hinunter. «Der Hund ist euch auch noch gefolgt!», rief er zu den Kids auf den Pferderücken hoch. «Ich fasse es nicht – was geht hier eigentlich vor?»

«Komm mit!», kreischte Raffi.

Der Einsatzwagen raste los, die Kinder ritten hinter ihm her, und Vater folgte ihnen.

Auf der anderen Seite des Geländes hielt der Streifenwagen schlingernd an.

Gerade als der Kaminski-Tross eintraf, kamen auch die Segeltuch-Gestalten aus der Finsternis gehetzt. Der Beamte war dicht hinter ihnen.

Schnaufend erwischte er den Letzten und zerrte ihm den Arm auf den Rücken.

Die beiden anderen liefen direkt auf den Einsatzwagen zu. Sie hatten keinen Ausweg zur Flucht mehr.

Der zweite Polizist packte sie an den Armen und hielt sie mit eisernem Griff fest.

«So, und nun wollen wir mal sehen, mit wem wir's hier zu tun haben», keuchte der patschnasse Beamte. Er zog die kleine Gestalt zum Auto und streifte ihr die Krempe aus der Stirn.

Zum Vorschein kam das bleiche Gesicht von Manfred.

«Das ist ja ein Junge!», staunte Vater.

Der Polizist zog den zwei anderen die Segeltuchkapuzen vom Kopf. Im lautlos kreisenden Schein des Blaulichts schimmerten die Mienen von Ergün und Holger auf.

«Das ist keine große Überraschung», murmelte Simon. Viel brennender interessierte ihn, wer eigentlich die Polizei gerufen hatte.

Als er in den Streifenwagen blickte, bekam er die Antwort. Hinten im Fond saß Loko und schaute ihn aus seinen funkelnden Augen an. Der Junge hatte sich also tatsächlich gegen seine Bande entschieden, obwohl ihm das bestimmt nicht leicht gefallen war. Simon lief ein kaltes Prickeln über den Rücken. Er bewunderte Loko mächtig für seinen Mut, den er hier bewiesen hatte.

Suila beobachtete etwas abseits das Geschehen und hielt die Stuten an den Zügeln.

Vater schilderte den Polizisten haarklein, wie sich der Überfall ereignet hatte. Der Beamte nickte von Zeit zu Zeit und machte Notizen in sein Buch. Dann wandte er sich an Manfred. «Also, wo hast du das Geld?»

«Was soll ich haben?» Manfred glotzte ihn verdutzt an.

«Wir sind hier nicht im Theater», sagte der Polizist ruhig. «Die Sache ist doch völlig klar.» Er wischte sich über die feuchte Stirn. «Wenn ihr's nicht gewesen wärt, hättet ihr ja nicht vor uns zu türmen brauchen.»

«Wir sind doch bloß erschrocken», schaltete Holger sich ein. «Als Ihr Wagen plötzlich vor uns über die Straße schleuderte, haben wir 'nen mega Schock gekriegt. Deshalb sind wir abgehauen, wegen nichts sonst!» Er setzte seinen treuherzigsten Blick ein.

«Ach ja?» Der Beamte musterte Vater. «Und Sie sind sicher, dass die drei es waren?»

«Sie trugen auf jeden Fall dieselben Jacken», antwortete Herr Kaminski. «Ihre Gesichter hab ich aber nicht gesehen.»

«Tjaaa ...»

Ein greller Blitz zuckte über den Nachthimmel.

«Rufen Sie bitte meinen Vater an», verlangte Holger mit weichlicher Stimme. «Er soll mich hier abholen. Sonst krieg ich noch eine Erkältung, wenn wir so lange in dem zugigen Wetter rumstehen müssen.»

Der Polizist blickte unschlüssig seinen Kollegen an.

Holger begann übertrieben zu zittern. «Mein Vater ist Geschäftsmann und hat gute Beziehungen zu Anwälten», bemerkte er schlotternd.

«Das stimmt», bestätigte der andere Polizist. «Ich kenne seinen Vater.»

«Ja, gleich», räumte der Beamte ein. «Wir müssen nur noch ...»

Weiter kam er nicht. Zwockel hatte sich aus dem offenen Autofenster gezwängt und sprang nun an Manfred hoch, um hechelnd den gelben Umhang zu beschnüffeln.

«Nein! Geh weg!», schrie Manfred.

«Wieso?», fragte Raffi. «Er tut dir ja gar nichts.»

«Doch!» Aus geweiteten Augen starrte Manfred den Collie an. «Nimm das Biest weg! Bitte!»

Erstaunt wechselten Ergün und Holger einen Blick.

Raffi klopfte Manfred durch die Segeltuchjacke auf den Bauch. «Was haben wir denn da drin?»

«Nichts! Bitte!»

«Ruf den Hund zurück», meinte der Beamte mitleidig. «Der arme Junge kriegt ja noch das Herzflattern!»

Simon griff dem Collie ans Halsband und zog ihn zur Seite. «Ruhig, Zwockel. Ja, brav.»

Erleichtert atmete Manfred auf. Sofort hatte er wieder seinen coolen Ausdruck im Gesicht.

«So», sagte der Polizist. «Und nun möchte ich gerne wissen, was du da drunter hast.»

«Was soll ich denn da drunter haben?»

«Würdest du bitte mal die Jacke öffnen.»

«Nein.»

«Gut, dann nehmen wir eben eine Leibesvisitation vor und durchsuchen dich.»

«Verdammter Mist», stöhnte Manfred.

Verbittert griff er in den Segeltuchumhang. Als sein Arm wieder hervorkam, hatte er die Geldkassette in der Hand.

«Überraschung, Überraschung», brummte der Polizist. Er nahm Manfred die Kassette ab und hielt sie Herrn Kaminski hin. «Ist sie das?»

«Ja, natürlich! Das ist sie!»

«Prüfen Sie bitte nach, ob noch alles da ist.»

Vater legte die Kassette auf den Autositz. Vornüber gebeugt schloss er sie auf und machte sich angespannt ans Zählen.

Während der eine Beamte die Personalien von Manfred, Ergün und Holger aufnahm und sich ihre Adressen und Telefonnummern in sein Buch notierte, öffnete der andere die Hintertür des Streifenwagens.

«Du kannst nach Hause gehen», sagte er zu Loko. «Danke, dass du uns gerufen hast. Gut gemacht!»

Kaum war Loko ausgestiegen, umringten ihn schon die Kaminski-Kids.

Simon klopfte dem Jungen überschwänglich auf die Schulter. «Das war echt toll von dir, Loko! Absolut super. Alle Achtung!»

«Ja, wirklich, das hast du super gemacht!», bestätigte Debora. «Ohne dich hätten wir die nie erwischt!»

Ein verhaltenes Lächeln umspielte Lokos Mund.

«Mega cool!», schwärmte Raffi. «Check!» Auffordernd hielt sie ihm das flache Händchen hin.

Nun konnte er nicht mehr anders. Mit breitem Lachen klatschte er drauf.

«Check», sagte er und schaute zu Manfred, Ergün und Holger hinüber, die ihn feindselig anstarrten.

«Von denen brauchst du nichts zu befürchten», versicherte der Polizist. «Wir wissen jetzt, wer sie sind. Die lassen dich hübsch in Frieden.»

Loko warf stolz den Kopf in den Nacken. «Die Kerle sollen's nur versuchen! Die mach ich notfalls alleine fertig.»

«Auch wenn du kleiner und weniger stark wärst, würden sie dich nicht anrühren», erklärte der Beamte. «Das ist ein Erfahrungswert. Die Täter lassen den, der sie anzeigt, in Ruhe. Die wissen genau, dass wir ein Auge auf sie haben. Und wir informieren auch die Schule, die Lehrer und die Eltern. Die Jungs krümmen dir kein Haar, das garantier ich dir.»

Zwockel schnupperte an Lokos Fingern. Als er merkte, dass für ihn diesmal keine Wurst abfiel, stupste er seine schwarze Nase unter Deboras Jacke und schnüffelte an ihrer Hosentasche herum.

«Was hast du denn?» Da fiel es ihr wieder ein. «Ach so!» Sie zog Lokos Schirmmütze hervor, die sie immer noch mit sich herum trug, und streckte sie dem Jungen hin.

Loko nahm sie verwundert an sich. «Das gibt's ja nicht!» Er bückte sich zu Zwockel und setzte ihm die Kappe auf den Kopf. «Hier! Die steht dir gut!»

Bellend schüttelte der Collie sich, weil er nichts mehr sehen konnte. Die Mütze flog in hohem Bogen ins Auto, und alle lachten schallend los.

Eines der Pferde begann, erschreckt durch das plötzliche Gelächter, laut zu wiehern.

Debora schlenderte hinüber, tätschelte Fannys Hals und flüsterte ihr zärtlich ins Ohr: «Du und Lucy, ihr seid die Besten!» Dann schaute sie ihre Freundin an. «Einen mutigen Bruder hast du, echt.»

Suila nickte lächelnd.

«Es fehlt kein Pfennig!» rief Vater. Er richtete sich auf und schloss die Geldkassette wieder zu.

«Die hatten gar keine Zeit, das Ding zu öffnen.» Der Polizist hielt die Streifenwagentür auf. «Also los, meine Herren!»

Manfred, Ergün und Holger mussten einsteigen.

«Aber mein Vater ...», begehrte Holger schwach auf.

«Der erfährt es schon früh genug, verlass dich drauf!» Der Beamte legte die Hand auf Holgers Kopf und drückte ihn sanft in den Fond. Als der Junge drinsaß, schloss der Polizist die Tür und warf sich auf den Beifahrersitz.

Das Blaulicht auf dem Dach ging aus. Der Einsatzwagen wendete und verschwand in der Nacht.

Die Pferde schnaubten. Unruhig tänzelten sie mit den Vorderbeinen.

Vater trat zu den Kindern, die inzwischen alle bei den Stuten versammelt waren. «Danke! Ich weiß gar nicht, was ich ohne euch gemacht hätte!» Er schüttelte jedem die Hand und strahlte übers ganze Gesicht. «Ihr seid die coolsten Kinder der Welt!»

Zwockels Entdeckung

21

Debora tanzte barfuß über den sonnendurchfluteten Vorplatz des Kaminski-Hofs. Sie genoss das Gefühl ohne Strümpfe und Schuhe auf dem warmen Kopfsteinpflaster. Dies war vermutlich einer der letzten herrlich milden Herbsttage des Jahres.

Erwartungsvoll öffnete sie den Briefkasten. Tatsächlich lag ein Brief für sie drin. Er war von der Werbefirma, bei der sie sich auf Simons Vorschlag hin beworben hatte. Gespannt überflog sie die Zeilen.

Vielen Dank für Deine Bewerbung, stand da. *Wir freuen uns auf die Zusammenarbeit! Bitte sende den beiliegenden Vertrag, von Dir und Deinen Eltern unterzeichnet, an uns zurück. Mit freundlichen Grüßen.*

«Jippi!» Debora machte einen Luftsprung, rannte zum Blumengeschäft und riss die Tür auf. «Ich hab den Job!»

Mutter und die Kundin, die sie gerade bediente, wandten sich überrascht um. Vater schaute von seinem Schreibtisch im Büro auf.

«Das ist ja wunderbar!», freute sich Mutter. «Ich komme gleich, ja?»

Die Kundin bezahlte und verließ schmunzelnd den Laden.

«Ich kriege 150 im Monat fürs Austeilen.» Debora senkte den Blick. «Das reicht aber nicht für die Pferdegebühr. Es fehlen noch 50 Mark ...»

«Tja, tja ...», murmelte Mutter nachdenklich. «Warte bitte einen Moment hier.»

Sie ging zu Vater ins Büro und schloss die Glastür.

Debora sah durch die Scheibe, wie Vater und Mutter sich unterhielten. Sie dachte an Fanny und ihre gelockte Mähne und betete sehnlich, dass die Eltern ihr das Reiten vielleicht doch ermöglichen würden.

Es dauerte eine Ewigkeit.

Endlich winkte Mutter sie zu sich.

Mit pochendem Herzen trat Debora ein. Vater klopfte sich auf die Schenkel. «Komm her!»

Sie setzte sich auf seine Beine.

«Wir haben uns Folgendes überlegt», begann er.

Mutter lachte. «Mach's nicht so spannend!»

«Also, Debora. Weil du bereit bist, für die Pferdegebühr selber zu arbeiten, bezahlen wir den restlichen Betrag für dich!»

Ihr Gesicht hellte sich schlagartig auf.

«Weißt du», führte Mutter aus, «die Hobbys der anderen Kinder kosten schließlich auch was. Simons Snowboard-Camp im Winter ist nicht gerade billig, obwohl er für seine Ausrüstung selber aufkommt. Und wenn Raffaela nächstes Jahr zum Musikunterricht geht, wie sie's vorhat, kommt das in etwa auf denselben Betrag heraus.»

«Super!» Debora umarmte Vater stürmisch.

Lächelnd gesellte Mutter sich dazu und schlang ihre Arme um die beiden.

«Danke tausendmal!», schniefte Debora. Vor Freude hatte sie gleich Tränen in die Augen bekommen. «Ihr seid einfach Spitze, Mami und Papi!»

Noch während sie ihre Eltern herzte, fiel Debora aber etwas ein. «Ob Suila den Job als Austrägerin wohl ebenfalls bekommen hat?», grübelte sie. «Und wenn ja – würde Suilas Familie die fehlende Summe auch übernehmen?» Und schon schickte sie ein neues heißes Stoßgebet zum Himmel.

Raffi spielte im Hinterhof mit ihrem pinkrosa Gummiball. Er hüpfte über den Platz davon und verschwand um die Ecke des Treibhauses. Summend rannte sie ihm nach.

Der Ball lag auf der schmalen Schneise zwischen Pflanzentunnel und Schneeglöckchenbeet. Sie hob ihn auf und wollte zum Hof zurück. Doch das ging nicht.

Wie aus dem Boden gewachsen stand Loko vor ihr. Er betrachtete sie wortlos.

Raffi fuhr der Schreck in die Glieder. Dieses Bild mit dem großen Jungen, der ihr den Weg verstellt, weckte ungute Erinnerungen in ihr.

Loko schob seine Mütze in die Stirn. «Hast du's vergessen?»

Sie wusste nicht, was sie sagen sollte. Verstohlen linste sie an ihm vorbei. Aber da war niemand außer ihnen. Keine Menschenseele. Nur das Rauschen des nahen Bachs war zu hören.

«W-was denn vergessen?», stotterte sie.

Langsam breitete sich auf Lokos Gesicht ein Lachen aus. «Dass ihr bei uns zum Mittagessen eingeladen seid! Was denn sonst?»

Raffi atmete auf und wunderte sich, dass sie einen solchen Schreck bekommen konnte. «Ach, die Einladung!»

«Na, dann los! Ich bin euch abholen gekommen.»

Gemeinsam schlenderten sie über den Hinterhof und ums Haus herum.

«Kennt ihr den Weg zu unserer Wohnung?» Loko schaute sie von der Seite an.

Die Kleine lächelte verschmitzt. «Mhm, den kennen wir.»

Auf dem Vorplatz wartete Vater schon ungeduldig. Er trug seinen Sonntagsanzug, obwohl es Samstag war. «Wir müssen, Leute! Sonst kommen wir zu spät!»

Simon und Debora streichelten Zwockel. Daneben stand Mutter mit einem Geschenkpaket unter dem Arm zum Abmarsch bereit.

«Wo ist denn Opa?» Vater blickte auf die Uhr. «Immer muss man auf jemand warten, bis endlich alle so weit sind!»

«Ich geh mal nachschauen!» Raffi flitzte die Treppe hoch.

Im Flur stürmte sie fast in Opa hinein, der an der Wand entlangtappte. «Mein Pantoffel», sagte er. «Ich kann ihn nicht finden. Einer ist da, aber der andere ...

Ohne meine Pantoffeln krieg ich kalte Füße, ich muss sie unbedingt mitnehmen.»

Raffi sah sich im Flur um. Danach suchte sie in Großvaters Kammer, in der Küche und zuletzt im Wohnzimmer. Doch der fehlende Hausschuh war nirgends zu entdecken. «Nimmst du eben nur einen mit», schlug sie vor. «Besser einer als gar keiner.»

«Da hast du auch wieder Recht», pflichtete Opa bei und ließ sich von Raffi aus dem Haus führen.

«Da ist er ja, der vermisste Opa!», rief Mutter.

Nun konnte es losgehen. Die Familie schritt mit Loko über den Vorplatz. Zwockel sauste ihnen hinterher und tippelte um ihre Beine.

Vater beugte sich zu dem Collie hinunter. «Hör mal, Zwockel. Du bleibst hier und bewachst den Hof. Alles klar?»

Der Hund sah ihn treuherzig an. Winselnd warf er sich herum und rannte zum Garten.

«Jetzt ist er beleidigt», schmollte Raffi. «Darf er wirklich nicht mitkommen?»

«Tiere können gar nicht beleidigt sein», erklärte Vater. «Das ist halb so schlimm, Raffaela.»

«Doch! Sieh nur, wie er im Garten buddelt! Das tut er sonst nie!»

Eifrig wühlte Zwockel mit den Vorderpfoten in der Erde. Er scharrte ein richtiges Loch und stupste seine Nase hinein. Als er den Kopf wieder heraus zog, hatte er einen Gegenstand in der Schnauze. Damit fegte er auf die Kaminskis zu.

Mutter runzelte die Stirn. «Was bringt er denn da?»

«Ich werd verrückt», staunte Simon. «Das ist ja Opas Pantoffel!»

«So, so», brummte Opa. «Zwockel, du bist mir ein schöner Schelm! Einfach meinen Pantoffel vergraben!»

Der Collie schüttelte sich heftig. Kleine Erdkrumen spritzten durch die Gegend.

«Oh, nein!», stöhnte Vater. «Genau auf meine Sonntagshose!»

Die Kinder kicherten hinter vorgehaltener Hand.

«Macht nichts», beschwichtigte Opa. «Das ist heute Mode. Du bist jetzt eben ein Punker!»

Weil nun auch Mutter lachen musste, konnte Vater nicht mehr anders, als selbst zu grinsen.

«Ha, ha!», murrte er gespielt beleidigt und wischte sich über die Hose, doch das machte alles nur noch schlimmer. Braune Striemen blieben auf dem Stoff zurück. «Ahhh! So geht das nicht! Ich muss mich schnell umziehen.» Er eilte zum Haus.

«Also Papi!», rief Debora ihm vergnügt nach. «Immer muss man auf jemand warten, bis endlich alle so weit sind!»

Der Sonne entgegen

22

«Hier ist es!» Loko zeigte auf eine Tür im dritten Stock des Mietshauses in der Arbeitersiedlung. Das Schild über der Klingel trug den Namen Gülgün.

Die Kaminskis drängelten sich in dem engen Treppenhaus. Sie streiften ihre Schuhe ab und stellten sie in die ordentliche Reihe von Stiefeln und Schuhpaaren neben der Tür.

«Sind wir zu spät?», wollte Opa wissen.

Simon blickte auf die Uhr. «Nein, genau richtig.» Der Zeiger sprang eben auf zwölf Uhr. «Da hätten wir ja gar nicht so zu hetzen brauchen.»

«Doch, ich bin gerne pünktlich», stellte Vater in seinem halben Sonntagsanzug klar.

Loko öffnete.

Herr Gülgün kam zum Eingang und wies die Gäste mit einer einladenden Bewegung in die Wohnung. «Herzlich willkommen!», grüßte er in gebrochenem Deutsch.

«Vielen Dank», sagte Vater und trat ein.

Mutter, Opa und die Kinder folgten ihm.

«Da seid ihr ja!», rief Suila.

Während sich alle die Hand gaben, zog Debora ihre Freundin beiseite. «Hast du auch einen Brief bekommen?»

Suila strahlte übers ganze Gesicht und nickte stolz. «Und stell dir vor: Mein Papa bezahlt den Rest!»

«Super! Meiner auch!» Die beiden Mädchen fielen sich glücklich in die Arme.

«Zu Tisch, bitte», forderte Herr Gülgün sie auf. Er zeigte ihnen, welches ihre Plätze waren.

«Papa, dürfen wir schnell Bauer Heinemann anrufen, damit er die Pferde nicht vergibt?», bestürmte Suila ihren Vater.

Der antwortete ihr in fremdländisch klingenen Worten.

«Erst nach der Vorspeise», übersetzte Suila.

«Das sieht ja verlockend aus!» Herr Kaminski betrachtete den festlich gedeckten Tisch. Dort standen Salatschüsseln mit Gurken, Tomaten und Zwiebeln sowie verschiedene Teighäppchen, die pikant dufteten.

Als sich alle gesetzt hatten, wünschte Herr Gülgün: «Guten Appetit!»

«Vielen Dank für die Einladung», sagte Frau Kaminski zu Lokos Mutter.

Die nickte scheu und lächelte verhalten.

Raffi, Simon und Debora nahmen sich nur Gurken, denn Salat gehörte nicht gerade zu ihren Lieblingsspeisen.

«Was gibt's denn zum Dessert?», erkundigte sich die Kleine.

Vater schaute sie tadelnd an. «Raffaela, so was fragt man doch nicht!» Aber er musste schmunzeln wie alle anderen.

«Das darfst du schon fragen», beschwichtigte Suila. «Aber wir verraten es nicht!»

«Ja Pingu!»

«Also gut», lenkte Suila ein. «Kleiner Tipp. Es kommt aus dem Eisfach.»

Debora leckte sich vorfreudig die Lippen. «Ich weiß, was das sein könnte.»

«Ich auch!», rief Loko. «Gefrorene Geldbeutel!»

Nun konnte sich niemand mehr halten. Alle brachen in schallendes Gelächter aus.

Mutter musste so lange lachen, bis sie sich die Augen mit der Serviette wischte. «Gefrorene Geldbeutel zum Dessert!», japste sie immer wieder.

«Mmmhhh – lecker!», schwärmte Opa, der eben in ein Teighäppchen gebissen hatte. «Ausgezeichnet!»

Herrn Gülgüns Augen leuchteten erfreut. «Ich möchte Ihnen viele danke, dass Mehmet bei Ihnen dürfen arbeiten und Sie immer so freundlich zu ihm.»

«Er hat kräftig zugepackt!», lobte Vater und dachte dabei nicht nur an Lokos ersten Arbeitstag und die schweren 50-Liter-Säcke, die der Junge ganz allein geschleppt hatte.

Simon schluckte seine letzte Gurkenscheibe hinunter. «Was passiert nun eigentlich mit den anderen Jungs? Mit Manfred, Holger und Ergün?»

«Für Manfred sieht's nicht gut aus.» Vater wischte sich den Mund. «Er wird von der Schule gewiesen und muss ins Erziehungsheim. Aber etwas Gutes hat das Ganze für ihn vielleicht doch. Sein Vater hat sich wegen der Sache nämlich entschlossen, nun endlich eine Alkohol-Entziehungskur zu machen. Wenn er's wirklich schafft und nachher wieder ein geordnetes Leben führen kann, darf Manfred nach Hause zurück. Trotzdem möchte ich nicht in seiner Haut stecken. Der Junge hat keine leichte Zukunft vor sich.»

«Und die beiden anderen Bandenmitglieder? Was ist mit denen?», wollte Debora wissen.

«Die haben auch ein Verfahren des Jugendstrafgerichts am Hals. Sie dürften aber auf der Schule bleiben.»

«Dürften? Tun sie's denn nicht?»

«Ergün schon», erklärte Vater. «Aber Holger kommt auf eine Privatschule. In ein teures Institut, wo nur Jungs sind und wo er auch wohnen wird. Seine Eltern haben es so gewollt.»

«Oh-oh», machte Raffi. «Die hat's aber ganz schön erwischt.»

«Dürfen wir jetzt endlich anrufen?», fragte Suila ungeduldig, als alle ihre Vorspeisenteller geleert hatten.

Herr Gülgün nickte.

Sofort sprangen Debora und Suila auf und rannten zu dem Apparat auf dem Ecktischchen bei der Polstersitzgruppe.

Suila wählte die Nummer, die sie sich bereits aus dem Telefonbuch auf einen Zettel geschrieben hatte. Dann hielt sie ihrer Freundin den Hörer hin. «Du kannst besser sprechen als ich.»

«Ich? Ja, ähm ...»

Doch schon meldete sich Bauer Heinemann, und Debora stellte ihm schüchtern ihre Frage. An ihrem Gesicht war schnell abzulesen, wie die Antwort ausfiel.

«Wirklich?», strahlte sie. «Dann also ab dem Ersten im nächsten Monat! Das ist echt super!» Sie legte auf. «Es klappt!»

Alle in dem gemütlichen Wohnzimmer begannen zu applaudieren. Suila und Debora wischten sich unauffällig Tränen ab.

«Ich glaub, jetzt ist der richtige Zeitpunkt für das Geschenk», fand Mutter.

Sie nahm das Päckchen hervor, das sie mitgebracht hatte. Vorsichtig entfernte sie das Papier und hielt Frau Gülgün eine kleine Gummibaumpflanze hin. «Hier, für Sie. Das Bäumchen ist noch jung, aber ich denke, es wächst über die Jahre – so wie hoffentlich unser Kontakt wachsen wird, wenn Sie mögen.»

Frau Gülgün nahm die Pflanze und bestaunte sie gerührt. «Vielen, vielen Dank! Sie haben ein gutes Herz!» Behutsam stellte sie das Gummibäumchen vors Balkonfenster an den sonnigsten Platz.

Dann verschwand sie in die Küche, um die Hauptspeise herzurichten. Sie bereitete Döner Kebab mit Lammfleisch zu – nach einem Spezialrezept aus ihrem Dorf.

Loko erschien mit einem zweiten Geschenkpaket, das er inzwischen aus seinem Zimmer geholt hatte. «Das ist für dich, Raffi! Als … eine Art Wiedergutmachung … na ja, du weißt schon.»

«Für mich?» Überrascht kniete die Kleine hin und riss das Papier auf.

Zum Vorschein kam eine durchsichtige Plastik-

schachtel. Darin lag eine Puppe mit schwarzem Haar und gelbem Röckchen.

Raffi sah Loko verwundert an. «Woher hast du denn gewusst, dass ich mir genau die wünsche?»

Lächelnd hob er nach einem vielsagenden Seitenblick zu Simon und Debora die Schultern. «Eingebung!»

Begeistert holte Raffi die Puppe aus der Verpackung. «Klasse, Mann!», rief sie und drückte Loko die Hand. Nun ist doch noch alles gut ausgegangen, dachte sie glücklich: «Danke, lieber Jesus, dass die Sache volle Pulle hingehauen hat!»

Mutter ging in die Küche, um Frau Gülgün beim Anrichten behilflich zu sein.

Während Raffi mit ihrer Puppe spielte, zeigten Loko und Suila den anderen Kids ihr gemeinsames Zimmer.

«Hier, schau mal!» Loko deutete auf einen Stapel Comic-Hefte.

«Wow!» Simon stürzte sich gleich darauf.

«Wenn du magst, kannst du mich jetzt öfter besuchen», schlug Loko vor. «Dann könnten wir Comics lesen und so.»

«Ja klar, gerne!» Simon blätterte im obersten Heft. «Und du kommst zu uns, und wir spielen zusammen mit Zwockel. Der hat dich nämlich ganz schön ins Herz geschlossen – nicht nur wegen der Wurst, die er von dir bekommen hat!»

Loko musste lachen, und Simon dachte daran, dass er sich unmöglich hätte vorstellen können, jemanden so zu mögen, den er noch vor kurzem nicht riechen mochte.

Die beiden Mädchen setzten sich auf Suilas Bett. «Vielleicht verteilen wir die Werbesendungen ja sogar mit den Pferden!», fiel Suila ein.

«Au ja, das wäre super!», träumte Debora. «Oder sonst eben mit den Fahrrädern – danach hätten wir immer noch genügend Zeit für die Stuten.»

Sie stellte sich schon vor, wie sie auf dem schnaubenden Pferden über die Wiesen ritten. Und wie sie mit flatterndem Haar auf die untergehende Sonne zu galoppierten. Die Sonne, die am Horizont schwebte wie ein riesengroßer, feuerroter Ball.

Manfred („Manne“)

Loko

Holger

Ergün

Simon

Debora

Suila

Raffaela („Raffi“)